Elisabeth Dude • Finde die Liebe in Dir

Zu diesem Buch

Autorin Elisabeth Dude, Heilpraktikerin, ausgebildetes Medium und spirituelle Lehrerin, hat in ihrem Buch *Finde die Liebe in dir* all ihre positiven Erfahrungen mit den göttlichen Elementen sehr vielschichtig und durchaus praxisnah aufbereitet. Das Buch wendet sich an alle, die schon immer einmal wissen wollten, wie sie sich selbst mit der Geistigen Welt, einer höheren, gleichsam unserer Wirklichkeit entrückten, Dimension in Verbindung bringen können. Ein Ratgeber für Anfänger, aber auch für Fortgeschrittene auf dem spirituellen Wege. Autorin Dude weiß auch für all diejenigen noch einige weisende Worte und praktische Übungen in Form von Meditationen und Visualisierungen, die vielleicht meinen, schon den rechten Weg zu höheren Weihen gefunden zu haben. Konkret beschäftigt sich die spirituelle Lehrerin neben den komplexen geistigen Problemen wie Liebe, Frieden, Erfüllung, auch mit ganz realistisch und praktisch anmutenden Dingen, wie „Reichtumsbewußtsein auf allen Ebenen", oder der „Suche nach dem eigenen inneren Arzt". Ein großes Ziel des Ratgebers ist es schließlich, gerade jenes göttliche Potential zu wecken, das in uns allen schlummert. Die hohe, gleichsam von den jahrelangen Erfahrungen mit der Geistigen Welt geprägte Sprache und Ausdruckskunst, macht die Lektüre zu einem beeindruckenden Erlebnis. Ein Ratgeber, der eindeutig auf Empfehlung der Geistigen Welt verfaßt worden ist, wie die Autorin uns gleich zu Beginn mitteilt. Ein solch positives, warmes und direktes Buch zur spirituellen Lebensgestaltung findet sich in normalen Dimensionen eher selten. *Finde die Liebe in dir* – ein Ratgeber voll emotionaler Überzeugungskraft, geschrieben von einem Medium, das sich in den Höhen und Tiefen der spirituellen Wege sehr gut auskennt.

Elisabeth Dude

Finde die Liebe in Dir

Wege zu einem glücklichen und erfüllten Leben

FRIELING

Die Deutsche Bibliothek – CIP-Einheitsaufnahme
Dude, Elisabeth:
Finde die Liebe in Dir: Wege zu einem glücklichen und erfüllten Leben /
Elisabeth Dude. –
Orig.-Ausg., 1. Aufl. – Berlin: Frieling, 1996
(Frieling-Esoterik)
ISBN 3-8280-0090-8

Hünefeldzeile 18, D-12247 Berlin-Steglitz
Telefon: 0 30 / 7 74 20 11

ISBN 3-8280-0090-8
1. Auflage 1996
Titelgestaltung: Manfred Boelke, Düsseldorf

Printed in Germany

Mein Dank gilt in erster Linie Jesus und Meister Eckhart für ihre ständige Begleitung und Hilfe, ohne die dieses Buch sicher nicht geschrieben worden wäre.

Ich danke meinen Freunden für ihre Liebe und Fürsorge und für die Lernprozesse, die sie mir gegeben haben.

Ich danke all meinen Seminarteilnehmern und Gruppenmitgliedern für ihr Vertrauen. Ich habe viel von ihnen lernen dürfen.

Ich danke all meinen Lesern und bitte euch, tragt die Liebe und das Licht in die Welt hinaus.

Ich schreibe dieses Buch in der Du - Form, denn ich möchte zu eurer göttlichen Seele sprechen.

Zum Inhalt

Dieses Buch wird geschrieben im Auftrag der Geistigen Welt, die uns helfen möchte, von der Angst Abstand zu nehmen und in die Liebe zu kommen.

Das Buch enthält Gottes- und Jesus-Botschaften.

Ich möchte den Menschen den Sinn ihres Lebens nahebringen.

Ich sehe meine Aufgabe darin, die Menschen mit ihrer göttlichen Quelle in Verbindung zu bringen. Durch Meditationsübungen wird der Leser mit seinem Hohen Selbst in Verbindung treten können.

Das Buch enthält Visualisationsübungen zur Erschaffung dessen, was die Menschen sich wünschen.

Jeder Mensch hat ein riesiges Potential an Möglichkeiten in sich, und ich möchte mit diesem Buch die Menschen anregen, zu diesem göttlichen Potential vorzudringen und es zu leben.

Es geht mir darum, den Menschen zu helfen, ein glückliches Leben in Liebe, Frieden und Fülle zu leben.

Es ist mir sehr wichtig, die Menschen darauf aufmerksam zu machen, daß sie die Liebe in sich haben, und ihnen zu helfen, sie wiederzuentdecken.

Dieses Buch enthält viele Übungen, die ich auch in meinen Seminaren mache, die ich im In - und Ausland halte.

Hier werden Lernschritte aufgezeigt, um zu einem glücklichen und erfüllten Leben zu gelangen.

Das Buch ist für Menschen, die sich schon auf dem spirituellen Weg befinden, ebenso geeignet, wie für die Menschen, die ihre Suche nach Gott und den kosmischen Gesetzen gerade beginnen.

Ich arbeite seit vielen Jahren als spirituelle Lehrerin und gebe Seminare im In- und Ausland. Ich wurde in England, Amerika und Südafrika zum Medium ausgebildet.

Seit vielen Jahren bekomme ich Botschaften aus der Geistigen Welt und gebe diese an die Menschen weiter.

Ich möchte mit diesem Buch die Liebe der Geistigen Welt mit den Menschen teilen.

Meine Geschwister, die ihr noch im Erdenkleid gebunden seid, dieses Buch wird geschrieben auf Empfehlung der Geistigen Welt. Es ist die Zeit des Wandels, die Zeit der Reinigung, die Zeit, wo ihr die Materie hinter euch laßt und eurer Geistigkeit mehr Raum gebt. Und wir hier in diesen lichten Ebenen, wir möchten euch helfen in diesen Zeiten des Umbruchs. Ihr alle lebt in einer wundervollen Zeit. Wenn ihr mitschwingt mit dem sich verändernden Fluß der Energie, werdet ihr in höhere Oktaven der Schwingungen hineinkommen. In Zeiten des Wandels werden Lernprozesse sich zunächst häufen, damit alte Verhaltensstrukturen abgelegt werden können und somit Platz für neue Gedankenmuster geschaffen wird. Und so ist es an der Zeit, ihr Lieben, daß ihr das ablegt, was euch Jahrhunderte, Jahrtausende belastet hat. Es ist an der Zeit, daß ihr mithelft, euren so schönen Planeten wieder zu dem zu machen, als was er eigentlich geschaffen war, als wunderschöne Heimstatt für alle Menschen. Ihr habt so viele Barrieren errichtet, in euch und um euch herum, zwischen euch, euren Mitmenschen und anderen Völkern. Seht ihr, da ist eure Chance, diese Barrieren einzureißen und die leeren Räume zu füllen mit Achtung, Akzeptanz und Liebe. Ihr Lieben, alles im Universum ist Schwingung. Dies ist das spirituelle Zeitalter, das nun beginnt, das Zeitalter der höheren Schwingung, die es zuläßt, daß eine Reinigung im Geistigen stattfinden kann. Wir bitten euch, ihr Menschenkinder, daß ihr mithelft und dazu beitragt, den gesamten Planeten Erde zu unterstützen, ihn liebevoll anzuerkennen und ihn durch eure eigene Entwicklung auf eine höhere Schwingungsebene zu heben. Und jeder einzelne von euch kann dazu so unendlich viel beitragen. Ihr Lieben, jeder Gedanke, den ihr denkt, geht ins Gesamtbewußtsein ein und hebt oder senkt das Weltbewußtsein. So ist euer Beitrag zunächst einmal die gedankliche Ebene, denn alles, aber auch wirklich alles, entspringt im Gedanken. So achtet auf eure Gedanken. Achtet darauf, daß eure Gedanken liebevoll und konstruktiv sind und nicht selbstzerstörerischen Ursprungs. Jeder von euch, der heute über den Planeten Erde wandelt, hat aus einer wohldurchdachten, freien Wahl sich jetzt und hier inkarniert, um seinen Beitrag zur Errettung der Menschheit, ja des gesamten Planeten Erde zu leisten. Viele von euch wissen darum, viele von euch praktizieren es bereits, andere wieder sind noch im Unbewußten und wissen nicht um ihre Wahl, nicht um ihre Aufgabe. Aber durch eure Entwicklung, durch die Anhebung eures Bewußtseins, hebt ihr das Bewußtsein der anderen Menschen, wenn auch unbewußt, an und fördert somit ihre Erkenntnisfähigkeit. So ergreift eure Chance, findet die Aufgabe, die ihr euch vorgenommen habt, und dann geht mit freudigem Herzen den Weg des Lichtes, den Weg der Liebe und des Friedens. Das wünschen wir euch und uns in den geistigen Reichen von ganzem Herzen. Wir sind bemüht euch zu helfen, euch zur Seite zu stehen, indem wir euer Bewußtsein inspirieren, den Weg nach innen anzutreten, den Weg der Liebe, der Freude und der Fülle zu gehen. Legt die alten Gedankenmuster ab, daß derjenige, der den spirituellen Weg gehen möchte, Opfer bringen muß. Es werden von niemandem Opfer verlangt, sondern wir möchten von euch allen ein freudig durchdachtes „JA“ zu eurer Aufgabe haben. Jeder von euch ist gleichermaßen wichtig. Jeder von Euch ist gleichermaßen wertvoll, denn jeder von euch ist göttlich. Und diese Göttlichkeit gilt es jetzt zu leben und im Außen auszudrücken. Und so laßt uns den Weg gemeinsam gehen, den Weg des Lichtes, den Weg der Liebe, damit alle Menschen in der Lage sind, auf diesem Pfad zu wandeln, zurück ins Vaterhaus. Damit alle Menschen die Liebe in sich finden können.

Meister Eckhart

VORWORT

Dieses Buch wird geschrieben im Namen unseres Vaters, den wir alle teilen.

Gott in seiner unendlichen Liebe möchte seine Kinder heimholen ins Vaterhaus.

Wir alle kommen aus der Einheit mit Gott und müssen alle dorthin zurückkehren.

Jede Seele hat ihren eigenen Entwicklungsweg und schon viele Inkarnationen hinter sich, meist auf der Erde, denn die Erde ist ein Schulungsplanet, auf dem wir lernen, wieder in die Liebe zu kommen.

Gott ist die allmächtige, unendliche und allgegenwärtige Liebe, aus der wir alle existieren.

Nur wir haben uns scheinbar von dieser Liebe abgespalten und machen uns damit das Leben unnötig schwer.

Da wir den Weg allein nur schwerlich gehen können, gab uns Gott in seiner Liebe Helfer und Helfershelfer an die Seite, die uns den Weg aufwärts führen zum Licht.

Auch Jesus, der uns die absolute Liebe vorlebte, steht uns immer zur Seite.

So helfen er und meine Geistführer mir auch, dieses Buch zu schreiben.

Gott selbst steht über allem, und alles liegt in seiner Hand.

Möge dieses Buch uns allen helfen, den Weg leichter zu finden.

Ich bekam von meiner geistigen Führung den Auftrag, dieses Buch zu schreiben. Ohne die Geistige Welt wäre dieses Buch sicher nie geschrieben worden. Ich danke Gott, Jesus und meinem Geistführer, Meister Eckhart, für all die Hilfe und die wunderbaren Botschaften, die soviel Liebe ausdrücken und die ich mit euch teilen möchte.

Jesus:

„Ihr kommt alle - wie auch ich - aus der Einheit des Vaters. Eines Tages glaubtet ihr, euch von Gott trennen zu müssen, obwohl eine wirkliche Trennung unmöglich ist.

Gott ist die alles aktivierende Energie im Universum, ohne die nichts existieren kann. Ihr also glaubtet, euch von Gott entfernen zu müssen, und seid in Leid und Elend gegangen.

Und dennoch sage ich euch: Ihr seid alle wieder auf dem Weg nach Hause.

Wie kleine Kinder, die sich verlaufen haben, seht ihr nicht, daß eure wahre Heimat in Gott ist.

Ihr seid auf der Erde, um Erfahrungen zu sammeln, denn die Erde, ihr Lieben, ist ein Schulungsplanet.

Bevor ihr inkarniert, sucht ihr euch die Partner aus, mit denen ihr besondere Erfahrungen machen könnt. Sie stellen sich euch in Liebe zur Verfügung. Ihr sucht euch euer Geburtsland und eure Eltern aus.

Ihr bekommt vom karmischen Rat gezeigt, wo ihr bestimmte Erfahrungen am besten machen könnt, und ihr wählt dann zwischen verschiedenen Möglichkeiten.

Menschen, die sich eine besondere Aufgabe im kosmischen Erlösungsplan vorgenommen haben, und die aufgrund ihrer Entwicklung aus früheren Leben dazu geeignet sind, wählen sich ein entsprechendes Elternhaus, wo sie für dieses Leben, für diese Aufgabe eine gute Grundlage bekommen können.

Wir hier, in den lichten Ebenen der Geistigen Welt, kennen den Lebensplan jeder Seele, und wir sind jederzeit gerne bereit, euch bei eurer Entwicklung zu helfen.

Gott, in seiner unendlichen Güte und Weisheit, gab euch eure Geistführer an eure Seite, die euch bei eurem spirituellen Wachstum helfen.

Geistführer sind Geist- oder Seelenwesen, die schon viele Inkarnationen hinter sich haben und eine spirituelle Entwicklung durchlaufen haben. – Sie haben unendlich viel Liebe für euch und helfen euch über den oft steinigen Pfad eures Lebens. Dieses Buch wird geschrieben, um es euch ein wenig zu erleichtern. Ich möchte euch einen Leitfaden geben, an dem ihr euch orientieren könnt.

Ihr alle helft durch eure Entwicklung der ganzen Menschheit. Ihr Lieben, Bewußtsein ist kollektiv. Wenn ihr also die Liebe und die Freude lebt, so hebt ihr damit das Gesamtbewußtsein der Menschheit an. Und seht ihr, das ist eure Aufgabe, mitzuhelfen, die Menschen nach Hause zu bringen ins Licht, damit wir dereinst alle in diesen lichten Ebenen miteinander wohnen können.

Friede sei mit Euch. Die Liebe unseres Vaters hülle euch ein in einen wärmenden Mantel aus Licht und Schutz." – *Amen*

Ihr braucht euch nur daran zu erinnern. Es ist eure Wahl, ob ihr mit Gott oder „getrennt" von Gott leben möchtet.

Er ist immer da und bereit, euch zu lieben und euch zu helfen. Nicht immer nach eurem Wunsch, aber immer zu eurem Besten.

Wir müssen lernen, im Hier und Jetzt zu leben, und unsere ganz persönliche Entwicklung durchlaufen.

Bitten wir Gott, in unser Leben einzutreten, so werden wir sofort Hilfe und Heilung erfahren. Wir werden uns nicht mehr einsam und verlassen fühlen und uns unseres Wertes bewußt werden.

Unser Hohes Selbst ist das Verbindungsglied zwischen Gott und uns und ein Teil Gottes.

Um wirklich geheilt zu werden, müssen wir geheilt werden wollen. Sobald wir aus tiefstem Grund unserer Seele um Heilung bitten, ist der erste und wichtigste Schritt bereits getan.

Wenn wir Krankheit und Trennung loslassen und Gott zulassen, beginnt bereits die Heilung.

Vertrauen wir uns Gottes Führung an, er weiß, was für uns am besten ist.

Jesus:

„Friede sei mit euch!

Seit urdenklichen Zeiten habt ihr geglaubt, daß ihr Sünder seid und bestraft werden müßt. Auch, wenn viele von euch bewußt nicht mehr so denken, so ist es doch in eurem Unterbewußtsein und im Emotionalkörper verankert. Die Zeit ist nun gekommen, dieses Denken zu verändern. Sonst bleibt ihr weiterhin in Schmerz und Krankheit stecken. Krankheit, ihr Lieben, ist nicht von Gott gemacht, sondern immer ein Selbstbestrafungsmechanismus des Egos, das euch einzureden versucht, daß ihr schuldig seid. So rät es euch unbewußt, daß Krankheit eine Möglichkeit ist, etwas von eurer Schuld an Gott zurückzuzahlen.

Ihr Lieben, Gott ist absolut vollkommen und sieht auch seine Kinder nur vollkommen. Gott straft niemanden, sondern liebt euch immer gleich. Laßt die alten Muster los und arbeitet an einem neuen Verständnis.

Findet den Weg nach Hause. Seht euch als kleine Kinder, die den Weg verloren haben. Wir möchten euch an die Hand nehmen und zurückführen, zu eures Vaters Haus.

Ihr habt immer die Wahl, welchen Weg ihr gehen wollt; den leichten, auf dem Gott die Führung übernimmt, oder den dornigen, auf dem eurer Ego euch leidvolle Erfahrungen machen läßt.

Aber Gott bedarf eurer Hingabe, er wird niemals von sich aus in eurer Leben eingreifen. Er gab euch den freien Willen, und dieser freie Wille ist euer größtes Gottesgeschenk. Würde Gott in euren freien Willen eingreifen, so wäret ihr wie Marionetten.

Ihr seid freie Kinder Gottes, der sich durch euch ausdrücken möchte.

Wir hier, in diesen lichten Ebenen, möchten euch helfen, möchten euer Bewußtsein inspirieren, den Weg der Erkenntnis und den Weg der Liebe und der Freude zu gehen. – *Amen.*“

Wir müssen lernen, allezeit in Gott zu sein, egal, wo wir gerade sind und was wir gerade tun. Ob wir eine Arbeit verrichten oder ruhen. Sehen wir alle Dinge mit seinen Augen und tun wir sie mit seiner Weisheit, Liebe und Kraft.

Gott spricht zu uns nur in der Stille unseres Bewußtseins, und darum ist es so wichtig für uns, in die Stille zu gehen, um mit Gott in Verbindung zu treten und mit ihm eins zu werden.

Verstehen wir, daß Gott alles ist.

Alle sichtbaren und unsichtbaren Dinge sind von Gott durchdrungen. Unsere gedankliche Abwendung von ihm hat Sünde, Krankheit, Schmerz und Tod überhaupt erst entstehen lassen.

Und die Heilung besteht darin, die Trennung wieder aufzuheben.

Wenn wir den Heiligen Geist, den Sitz der Heiligkeit in uns, zulassen, lösen sich die Illusionen von Sünde, Schuld, Schmerz, Krankheit und Tod auf.

Jesus:

„Friede sei mit euch:

Alle Menschenkinder haben den göttlichen Kern, den göttlichen Funken in sich, und zwar alle gleich. Nur einigen von euch ist es bewußt und anderen noch nicht. Und es ist eure Aufgabe, das Licht zu euren Brüdern zu bringen, damit sie das Licht auch in ihrem Innern finden können.

Am besten könnt ihr dies natürlich durch euer Beispiel tun. Wenn aus euch die Liebe strahlt, werden eure Brüder und Schwestern kommen und sich an eurem Licht wärmen. Und sie werden wissen wollen, woher dieses Licht und diese Liebe kommt. Je mehr ihr euer göttliches Potential lebt, desto heller wird es in der Welt. Darum sind wir auch so froh über jede Seele, die mit ihrer göttlichen Quelle in Verbindung tritt und das ihr von Gott gegebene Erbe antritt. Wir sind im spirituellen Zeitalter, und mehr und mehr Menschen werden nach Hause kommen.

Immer mehr Menschen werden heraustreten aus der Abhängigkeit, der Opferrolle und dem Schmerz.

Wenn ihr auf eurer Entwicklungsleiter weiterkommen wollt, ist es notwendig, daß ihr die alten Vergangenheitsmuster ablegt, daß ihr lernt, zu vergeben, dem Bruder und vor allem euch selbst.

Ihr Lieben, euer Bruder verletzt euch nicht. Er bietet euch einen Lernprozess. Wenn ihr darauf mit Liebe, Verständnis und Vergebung reagiert, habt ihr den Lernprozeß erkannt und angenommen. Wenn ihr aber mit Groll und Haß reagiert, so verletzt ihr in Wahrheit euch selbst. Alles, was ihr aussendet, geht ins Universum hinaus und kommt zehnfach zu euch zurück.

Das Gute wie das nicht so Gute. Meine Lieben, wenn ihr wüßtet, was ihr euch und anderen antut mit eurem negativen Denken, ihr würdet augenblicklich damit aufhören.

So laßt die Vergangenheit los, sie ist vorbei und kann heute nicht mehr gelebt werden. Das Hier und Jetzt ist die einzige Zeit, in der ihr Gott und die Liebe ausdrücken könnt.

Auch das Morgen könnt ihr heute noch nicht leben. So hört auf, euch um das Morgen zu sorgen.

Sorgen und Ängste vergällen euch oft das Leben und schaffen Krankheit und Leiden. Gott möchte fröhliche Kinder haben. So trachtet zuerst nach der Freude. Die Freude ist euer größtes Energiepotential. Und da, wo die Freude in eurem Leben fehlt, fühlt ihr euch matt und ausgelaugt. Darum sagte ich: 'Werdet wie die Kinder.' Kinder sind voller Freude und Vertrauen.

Macht euch das Leben nicht unnötig schwer, sondern freut euch, daß ihr Gottes geliebte Kinder seid. Und ihn auszudrücken sei euer Ziel.

Amen."

Wir müssen die alten hypnotischen Muster der Vergangenheit aufheben und erkennen, daß unser Körper in Wahrheit rein, vollkommen, jung, schön und göttlich ist. Denn der Christus, welcher ist die reine Liebe, wohnt in ihm.

Gott schuf uns nach seinem Bilde, absolut vollkommen und ewig. Wir sind Gottes vollkommene Kinder und müssen lernen, das wieder auszudrücken.

Die Liebe ist die größte Heilkraft der Welt. Liebe ist Gott, und Gott ist die Liebe, ewig, unwandelbar und überall anwesend.

Erheben wir den Anspruch auf unser Geburtsrecht, so wie Jesus es tat.

Die Liebe will nichts als geben und wird dadurch doch bekommen. Geben und bekommen sind eins.

Gott in unserem Bewußtsein haben, heißt die Liebe zu leben. Einssein mit Gott bedeutet nichts anderes, als eins sein mit dem Leben, der Freude und dem Überfluß.

In der Liebe zu sein, ist unser bester Schutz, unsere Versorgung, denn wenn wir die Liebe leben, sind wir heil und brauchen keine Heilung. Betrachte Gott als deinen Partner in allem, was du tust.

Wir alle haben einen ständigen Hunger in uns, den wir mit allem möglichen zu kompensieren versuchen, mit Süßigkeiten, Kaffee, Alkohol, Nikotin oder aber auch mit harten Drogen. Unser wirklicher Hunger aber, der Hunger nach der Liebe Gottes, kann damit nicht gestillt werden.

Um unsere Süchte loslassen zu können, müssen wir erkennen, daß die Liebe Gottes immer in uns ist und uns jeder Zeit zur Verfügung steht.

Um unseren inneren Hunger zu stillen, jagen wir den Dingen der Welt nach und bleiben doch stets in der gleichen Leere verhaftet, wenn wir uns nicht daran erinnern, daß Gottes Liebe und Fülle in uns sind.

Die Eigenschaften des Christus, die uns von Jesus so vollkommen vorgelebt wurden, sind von uns allen erreichbar, wenn wir es wirklich wollen und mit Ausdauer zu erreichen suchen.

Jesus:

„Friede sei mit euch:

Jede Seele inkarniert sich, um ihr göttliches Potential zu entwikkeln. Bei einer Seele geht es schneller, bei der anderen langsamer. Aber jeder Mensch muß seine Entwicklung - gemäß seiner Wahl - in dem ihm gemäßen Tempo machen. Ihr könnt einem Menschen einen Rat geben, aber gehen muß jede Seele den Weg allein. So übt euch in Toleranz. Die Entwicklung einer Seele setzt sich aus vielen Inkarnationen zusammen, und ihr könnt nicht beurteilen, wie weit eine Seele entwickelt ist, und es steht euch auch nicht zu, dies zu wissen. Seht durch den Schleier des Egos hindurch, direkt zum Christusaspekt im anderen.

Wir sind alle eins, weil wir alle aus derselben Substanz erschaffen wurden, dem Geist Gottes. Auch die Pflanzen und die Tiere sind eure Brüder, da auch sie aus Gott erschaffen sind und den göttlichen Geist in sich tragen. Je mehr ihr in allem euren Bruder sehen könnt und ihn lieben lernt, desto höher entwickelt ihr euch. Je mehr ihr eure Schwingungen verfeinert, desto mehr könnt ihr wahrnehmen aus den unsichtbaren Welten. Alles im Universum ist Schwingung, Farbe und Ton. Jede Seele hat eine farbige Aura um sich herum, die durch eure Gedanken und eure Taten beeinflußt wird. Ebenso hat jede Seele einen eigenen kosmischen Ton, der sich mit allen Seelen zum kosmischen Orchester mischt. Achtet darauf, daß euer Ton harmonisch ist. Ihr Menschen baut euch auf der Erde euer spirituelles Heim. Und seht ihr, darum ist es so wichtig, daß ihr lernt, die Liebe und Harmonie zu leben, damit ihr später in den lichten Ebenen wohnen könnt, zusammen mit anderen Seelen, die in etwa die gleiche Licht- und Entwicklungsqualität haben wie ihr.

Wir möchten euch helfen und euer Bewußtsein inspirieren, die Liebe zu leben, und Gott die Gelegenheit geben, sich durch euch auszudrücken.

Amen.“

Da jeder Mensch mit der Zeit einsieht, daß der Hunger in seinem Innern nicht mit äußeren Dingen zu stillen ist, fängt er an, sich nach innen zu wenden, oft erst durch große Krisen. Oftmals wählt ein Mensch erst in der dunkelsten Nacht der Seele, den Weg des Lichtes zu finden und zu gehen. Darum ist jede Krise, jeder Schmerz unendlich hilfreich, wenn ihr das richtige Fazit daraus zieht.

Wenn wir begreifen, daß Gott, der All - Eine, in unserem Inneren wohnt, so entdecken wir nach und nach die Kraft, die Weisheit und die Liebe in uns.

Das meinte Jesus, als er sagte:

„Suchet zuerst nach dem Reich Gottes, alles andere wird euch gegeben."

Finde zuerst den Geist Gottes in dir. Wenn du etwas erschaffen willst, halte es stets als Vision in deinem Geist fest und erfülle es so mit Leben. Je genauer du dieses Bild schaffst, desto schneller und genauer wird es in die Materie treten.

Bleibe deiner Vision stets treu und gestatte nie dem Zweifel der anderen Menschen, dich von deinem Plan abzubringen. Auch Jesus ließ sich nie von seinem Weg abbringen. Er hielt seinen Blick auf den Vater in seinem Inneren gerichtet.

Wenn wir uns ein neues und schönes Leben schaffen wollen, ist es wichtig, daß wir zunächst die alten begrenzenden Verhaltensmuster loslassen.

Wir müssen aus den hypnotischen Mustern der Vergangenheit heraustreten in eine neue, strahlend helle Welt. Wir müssen uns frei machen vom Glauben anderer und unseren eigenen Weg ohne Begrenzungen gehen.

Halte bei allem, was du tust, den Blick auf das Ziel gerichtet. Wir Menschen neigen dazu, unsere Energien viel zu sehr zu zersplittern und uns unsere guten Ideen durch unsere Zweifel oder die Bedenken anderer zunichte zu machen. Viele geniale Ideen versanden einfach, weil sie nicht umgesetzt werden, weil wir Menschen es uns nicht zutrauen, etwas Geniales zu schaffen.

Wenn dein Bewußtsein im Bewußtsein Gottes ruht, wirst du alle Substanz zu dir heranziehen, die du für deinen Erfolg brauchst.

Wenn wir wirklich verstehen, daß Gott sich durch uns ausdrücken möchte, können wir alle Dinge mit ihm vollkommen erschaffen und sind dabei nicht durch unser Ego und unseren Verstand begrenzt.

Aus freiem Willen haben wir uns von Gott entfernt und den Weg der Trennung, des Leides und der Unvollkommenheit gewählt.

Nun sind wir dabei, zu erkennen, daß wir immer von Gott geliebt werden und seine Vollkommenheit ausdrücken dürfen.

Wir müssen diesen Weg erst gehen lernen, während Gott und Jesus uns bereits vollkommen sehen.

Wenn wir in Gott ruhen, wird unsere Welt augenblicklich liebevoll und harmonisch.

Jesus:

„Wann immer ihr Menschen Probleme habt, setzt euch still hin und bittet euer Hohes Selbst um Führung, und dann hört in der Stille eures Bewußtseins auf die Antwort. Aber ihr Lieben, Gott spricht nur in der Stille eures Minds (Höheres Bewußtsein) zu euch. So ist es notwendig, so oft wie möglich in die Stille zu gehen, um dort eurem Gott zu begegnen.

Meditation ist auf dem Weg eures geistigen Fortschritts unerläßlich, aber nur in der Regelmäßigkeit liegt der Segen. Es darf aber kein Zwang für euch sein, sondern sollte euch zum Bedürfnis werden. Auch ich ging täglich in die Stille, um mit meinem Vater zu sprechen. Und ich schöpfte alle Kraft aus diesen Augenblicken. Auch ihr werdet in euren Meditationen, wenn ihr sie voller Freude tut, aufgeladen mit der göttlichen Liebe, Weisheit und Kraft.

Ihr könnt vom Heiligen Geist alle Antworten bekommen, die ihr benötigt. Gott ist Geist und ewig unveränderlich und allwissend. In schwierigen Situationen denkt ihr Menschen oft, Gott habe euch vergessen und verlassen. Gott, ihr Lieben, vergißt keines seiner Kinder. Sein Plan ist vollkommen, war immer vollkommen und wird immer vollkommen sein.

Alles, was in eurem Leben geschieht, habt ihr euch selbst gewählt, um daran zu wachsen.

Auch wenn ihr die euch belastenden Dinge oft nicht verstehen könnt, so sind sie doch immer zu eurem Besten, wenn ihr die richtige Erkenntnis daraus zieht und daran spirituell wachst.

Spirituelles Wachstum ist nicht Wissen anhäufen, wie viele von euch glauben, sondern einzig und allein die Liebe zu leben. Nur die Liebe ist göttlich und somit geistig, d.h. spirituell.

Gottes Segen ist alle Zeit mit euch.

Amen.“

So dient alles, was uns widerfährt, nur unserer Entwicklung, unserem Wachstum.

Ein Leben in der bewußten Verbindung mit Gott gelebt, ist voller Freude, Liebe und Kraft; Sorgen und Ärger sind daraus verbannt.

Bekenne dich zum Christus in dir und drücke ihn nach außen aus, wie Jesus es tat.

Er zeigte uns, daß es möglich ist, die absolute und bedingungslose Liebe zu leben.

Und er ist heute wie damals der große Weltenlehrer, der uns in unendlicher Liebe als unser Bruder zur Seite steht und der für jeden erreichbar ist, der ihn wirklich sucht.

Er möchte nichts weiter als uns helfen, auch in die Liebe Gottes bewußt einzutreten und zu Lichtboten und Lichträgern zu werden, die denen helfen, die noch unbewußt sind.

Er beweist seine Präsens täglich aufs neue, und ich danke ihm von ganzem Herzen und mit meiner ganzen Liebe, daß er mir hilft, dieses Buch zu schreiben.

Er sagte uns doch: „Ich bin bei euch alle Tage, bis an der Welt Ende.“ Er geht an unserer Seite und spricht zu uns. Lernen wir auf ihn und seine Botschaft zu hören.

In all meinen Seminaren und Workshops spricht Jesus zu den Teilnehmern und wird auch von ihnen gesehen. Seine Liebe zu spüren, seine Botschaften zu hören, ist immer wieder tief beglückend für uns alle.

Er hilft uns bei der geistigen Heilung ebenso wie bei allen anderen Problemen.

Wir müssen, um ihm zu begegnen, vor allem aufhören, uns schuldig zu fühlen und uns unwürdig zu sehen. Wir müssen uns als Kinder des einen Gottes sehen, um dann Jesus näher sein zu können. Er ist unser geliebter Bruder und uns ganz nah.

Das heißt, wenn wir die reine Liebe leben möchten, wird er uns helfen.

Nehmen wir sein Angebot und seine Hilfe an!

Er lehrt uns auch, unser göttliches Potential anzuerkennen und die Verantwortung für unser Leben zu übernehmen.

Um unser Leben zu verändern und von Gott Hilfe zu erbitten, müssen wir uns erst einmal klar darüber werden, was wir wirklich wollen.

Wir möchten so gerne vieles verändern und haben doch oft keine klaren Vorstellungen davon, was wir verändern wollen. Was wir in unserem Leben nicht mehr haben wollen, wissen wir meist sehr genau.

Hierzu eine kleine Übung, die sehr wirkungsvoll ist. Nimm zwei Blatt Papier und schreibe auf das erste Blatt all das, was du in deinem Leben nicht mehr haben willst, auf das zweite Blatt dann schreibe all die Dinge auf, die du dir wünschst. Lasse dir Zeit. Meditiere darüber und überarbeite es solange, bis es für dich wirklich stimmig ist.

Dann überlege dir, ob du das, was du dir wünschst, auch wirklich brauchst, du könntest es nämlich bekommen.

Visualisationen und Affirmationen sind eine sehr wirkungsvolle Hilfe beim Erreichen deiner Ziele.

Dann bitte Gott um Hilfe und danke dafür, daß du sie bekommst.

Dann lasse deine Wünsche los und überlasse sie Gott. Vor allem sei nicht ungeduldig. Alles im Universum hat seine Zeit und seine Stunde. Überlasse es Gott, ob, wann, wo und wie er dir deinen Wunsch erfüllen möchte und bitte auch darum, daß dir nur die Wünsche erfüllt werden, die zu deinem Besten sind.

Wenn du um etwas bittest, so kleide deine Bitte in positive Worte. Bitte z. B. darum, vollkommene Gesundheit auszudrücken und verstehe, daß es dein göttliches Erbe ist, vollkommen gesund zu sein.

Lasse alle Gedanken an Trennung und Begrenzung fallen. Sieh dich als vollkommenes Kind Gottes.

Du bist eins mit Gott, dem Schöpfer aller Dinge, und alles, was Gott schuf, ist vollkommen, so auch du, als sein geliebtes Kind.

Du bist Weisheit, Kraft und Liebe, drücke sie aus.

Dein Schutz und deine Versorgung sind in dir.

An dieser Stelle gab mir Maria eine Botschaft durch, die ich mit euch teilen möchte:

„Liebe Geschwister auf der Erde, ich grüße euch. Die Heilung der Menschheit wird kommen, mehr und mehr. Wenn ihr in eurem Leben ja sagt zu einem Leben in Gott, wird euer Leben voller Licht, Liebe und Freude sein, und Leid und Sorgen oder andere unfriedliche Umstände werden keinen Raum mehr haben. Ihr werdet aufwachen und euch auf eure Göttlichkeit besinnen und so zu spirituellen Menschen werden. Ich bin gekommen, um euch daran zu erinnern, daß Gott in euch wohnt. Gebt euren Brüdern und Schwestern ein Beispiel. Zeigt ihnen, daß es möglich ist, die Liebe zu leben. Ich weiß, daß das nicht einfach ist, aber je mehr Menschen sich aufmachen, desto leichter wird es, weil es in eurer Gruppenbewußtsein eingeht. Sendet Gedanken der Liebe und des Lichtes aus an die Welt, und ihr werdet zum Segen für alle Menschen werden.

Ich bitte euch, laßt nicht nach in eurem Bemühen. Ich gebe euch allen meine Liebe."

Jesus:

„Farben sind Schwingungen, wie alles im Kosmos Schwingung ist. Farben dienen der Heilung. Jedes Chakra, jedes Energierad eures Körpers ist einer bestimmten Farbe zugeordnet, die ihm zur Heilung dienen kann. Jedes Chakra hat auch Zuordnungen bestimmter psychischer Qualitäten und zu den einzelnen Organen eures Körpers. Jeder eurer Gedanken und euer Tun beeinflußt nicht nur eure Aura, sondern auch eure Chakren. Wenn die Chakren nun nicht genug oder auch zuviel Energie aufweisen, so kann man sie mittels der dazugehörigen Farbe wieder ausgleichen. Wenn ihr regelmäßig Chakrenmeditationen durchführt, so hilft euch dies, eure Chakren in der Balance zu halten und euch mit kosmischem Licht zu füllen.

Auch könnt ihr jede einzelne Zelle eures Körpers mit göttlichem Licht füllen und so verjüngen. Bittet euren inneren Heiler, den Christus in euch, euch dabei zu helfen. Und ihr werdet feststellen, wie durch diese Meditation tiefer Friede und Heilkraft in euch einströmt. Aber gebt diese Liebe, diesen Frieden und diese Heilkraft, die euch gegeben wird, auch weiter an eure Brüder und Schwestern. Sendet Gedanken der Liebe und des Friedens an alle Menschen aus, so daß sie glücklich sein mögen und in der göttlichen Liebe und im Frieden geborgen sind. Tut dies mehrmals täglich, und ihr helft ihnen, das Licht und die Liebe in sich zu finden. Vergeßt nie, daß ihr eins mit allem seid.

Euer Friede wird nicht kommen, solange andere noch im Unfrieden sind. Diese Welt wird sich durch euch verändern, meine Brüder und Schwestern. Das Licht des Christus, das ihr in euch findet, hilft anderen Seelen, es in sich zu finden.

Ich danke euch für euer Bemühen. Wir stehen an eurer Seite, um euch zu erinnern an die Liebe und das Licht, das eure wahre Identität ist. Laßt eure Ängste los, sie sind nur Illusionen.

Friede sei mit euch.

Amen.“

Wir glauben alle, daß wir uns von Gott getrennt haben. Und obwohl das eine Illusion ist, bringt sie uns dennoch viel Leid und Schmerz.

Sobald wir aber die gedankliche Trennungslinie aufgehoben haben, treten wir wieder ein in die Verbindung mit Gott und können zu jeder Zeit mit ihm sprechen.

„Gebet ist sprechen mit Gott, Meditation ist hören auf Gott,“ sagte White Eagle.

Wir sprechen oft zu Gott, aber hören wir auch auf ihn?

Wir müssen in die Stille gehen, um Gott zuzuhören. Aber gerade das fällt uns Menschen so schwer.

Gott überläßt es dem Menschen selbst, ob er sich für ihn entscheiden will.

Freier Wille heißt, daß wir die Wahl haben zu wählen, ob wir mit Gott die Liebe erleben wollen, oder ohne ihn die Angst.

Der Weg mit Gott bedeutet Liebe, Licht, Fülle, Freude, Wohlstand und Gesundheit. Der Weg des Egos bedeutet Angst, Unfrieden Leiden und Krankheit.

Jesus:

„Heute möchte ich zu euch über euren Körper sprechen. Denkt einmal darüber nach, daß euer Körper der Tempel des Geistes ist. Darum ist es ungeheuer wichtig, daß ihr euren Körper liebevoll und mit Respekt behandelt.

Schon Goethe sagte: „Es ist der Geist, der sich den Körper baut."

Ihr selbst seid es, die ihr über euren Körper die Herrschaft habt.

Allzulange habt ihr in hypnotischen Mustern der Vergangenheit verharrt. Ihr seid der Meinung, daß ein Körper mit der Zeit alt und krank werden muß. Ich aber sage euch, das muß nicht sein. Jede eurer Zellen und Zellverbände, sowie jedes Organ hat ein eigenes göttliches Bewußtsein, und ihr könnt dieses Bewußtsein ansprechen und somit euren Körper schön und jung erhalten.

Es liegt an eurem Bewußtsein! Jeder Mensch hat seinen inneren Arzt und Heiler, und den könnt ihr bitten, euch bei eurer geistigen Arbeit zu unterstützen, er wird es sehr gern tun.

Je gesünder euer Körper ist, desto besser kann er dem Geist dienen. Aber ihr müßt auch euer Unterbewußtsein durchlichten. Hier wurde in einen riesigen Speicher einprogrammiert, daß der Körper alt und krank werde, über Tausende und Abertausende von Jahren; von Generation zu Generation. Ihr habt es von euren Eltern übernommen, und die wiederum von ihren Eltern und so fort.

Aber jetzt bricht ein neues spirituelles Zeitalter an, und mit diesem auch ein neues Bewußtsein. Ihr könnt es lernen, euren Körper schön, jung und gesund zu erhalten.

Euer Körper ist nicht so anfällig, wie ihr immer glaubt, sondern er ist ein Wunderwerk, von Gott vollkommen geschaffen. Aber euer Denken ist anfällig. Wie oft fahren eure Gedanken Achterbahn. Darum kontrolliert zuerst eure Gedanken und Emotionen. Erlaubt ihnen nicht, euch zu beherrschen. Achtet darauf, was ihr ständig denkt, ihr werdet es in die Materie ziehen.

Haltet den Körper auch rein von Gift und Schadstoffen. Achtet auch auf eure Ernährung und seht zu, daß ihr aus der Nahrung Energie bekommt und sie nicht mit falscher Nahrung tötet.

Entwickelt ein Gefühl dafür, was euch gut tut und was nicht. Achtet auch auf euren Wasserhaushalt. Die meisten Menschen führen ihrem Körper zu wenig Flüssigkeit zu und sind dann verwundert, wenn der Körper sich nicht anders zu helfen weiß, als die Giftstoffe in der Haut oder in den Gelenken abzulagern, so daß Krankheiten entstehen.

Liebt euren Körper, er ist der Wohnsitz Gottes und jede eurer Zellen ist erfüllt vom göttlichen Geist.

Amen.“

Lernt wieder, auf eure innere Stimme zu hören, statt euch ständig zu sorgen. Jesus hat es uns bewiesen, daß ein Leben in Christus, das heißt in der Liebe, das einzig wahre Leben ist.

Bedenkt, ihr seid der Schöpfer eures Lebens, warum also Angst, Leid und Schmerzen erschaffen, statt Freude und Liebe?

Wir Menschen haben uns oft über lange Strecken hinweg Leid und Schmerzen geschaffen, und wenn wir dann auf dem absoluten Tiefpunkt waren, haben wir uns an Gott erinnert und ihn um Hilfe gebeten.

Und Hilfe wurde uns immer zuteil, sobald wir aus tiefstem Herzen darum gebeten haben. Nicht immer so, wie wir es gerne gehabt hätten, aber immer zu unserem Besten. Es heißt allerdings nicht, daß all unsere Wünsche sofort erfüllt werden. Alles im Universum hat seine Zeit und seine Stunde, und wir müssen erst bereit sein, unser Gutes auch wirklich anzunehmen.

Gott sieht all seine Kinder absolut vollkommen, wie es auch Jesus tut. Wir selbst haben die vermeintliche Trennung hervorgebracht. Unbewußt fühlen wir uns oft schuldig und glauben, dafür bestraft werden zu müssen. Da Gott aber absolut vollkommen ist und auch nur Vollkommenes sieht, gibt es niemanden, der uns bestraft, außer wir uns selbst. Oftmals benutzen wir Krankheit als Selbstbestrafungsmechanismus.

Wir also haben die Idee der Schuld und Bestrafung hervorgebracht, darum müssen wir sie auch wieder aufheben, um zu unserem wahren Sein, zur Liebe, zurückzufinden.

Krankheit ist also keine Strafe Gottes, sondern lediglich ein Zeichen dafür, daß sich der Mensch seines göttlichen Potentials und des liebenden Christus in sich nicht bewußt ist. Somit haben wir eine Trennung herbeigeführt.

Es ist also auf jeden Fall besser, statt Gott um Heilung von Krankheit zu bitten, um Hilfe zu bitten, vollkommene Gesundheit auszudrücken.

Krankheit ist nichts anderes als Ursache und Wirkung. Die Ursache ist der Glaube an Trennung und Schuld, die Krankheit die Wirkung dieser Gedanken. Löscht die Ursache aus, das heißt, hebt die Trennung auf und ersetzt sie durch Liebe, so ist die Wirkung Einheit und Heilung.

Vergebung ist der Schlüssel zur inneren Heilung. Wir müssen lernen, uns und anderen zu vergeben. Wenn wir nicht vergeben können, bleiben wir in Angst und Schmerzen stecken.

Wo immer dir Angst begegnet, ganz gleich in welcher Form, wandle sie sofort mental in Liebe um und sende weißes Christuslicht dorthin, wo es gebraucht wird.

GEISTFÜHRER

Meine erste direkte Verbindung mit der Geistigen Welt hatte ich etwa 1978, als ich im Zuge meiner Heilpraktikerausbildung Geistheilungsseminare bei englischen Geistheilern besuchte. Am Ende eines Seminars ging Marian Butler, eine Geistheilerin aus Wales, in Trance, und durch sie sprach Rahidi, ein Indianer, mit einer sehr kräftigen und gewaltigen, aber sehr liebevollen Stimme. Ich werde diese Begegnung nie vergessen. Rahidi sagte damals den Reaktorunfall von Tschernobil voraus und auch die Rheinvergiftung. Ich war wie auf meinen Platz gebannt.

Am Ende der allgemeinen Durchsage konnte jeder eine Frage stellen. Rahidi begann mit mir, aber meine Zunge war wie gelähmt, und ich stotterte. Ich war so überrascht und fasziniert, daß ich kaum zu sprechen vermochte. Rahidi aber hatte Verständnis und sagte: „Ich komme später wieder zu dir."

Mir wurde bereits damals meine Lehrtätigkeit vorausgesagt, aber ich konnte mir etwas derartiges überhaupt nicht vorstellen.

Von da an bin ich viele Male in England und Wales gewesen und habe gerade von Rahidi wunderbare und aufbauende Botschaften bekommen, die mir sehr geholfen haben. Vieles von dem, was er mir damals voraussagte, ist inzwischen eingetroffen.

Ich habe auch viele Male in U.K. in Geistheilungskirchen gearbeitet, um mich weiter ausbilden zu lassen. In England kann man als Geistheiler ganz normal in Krankenhäuser gehen, um den Patienten, die dies wünschen, geistige Heilung zu geben. Bei uns ist das Geistheilen nur Ärzten und Heilpraktikern vorbehalten, aber ich hoffe, daß sich das eines Tages ändern wird. Für mich ist es eine wunderbare Vision, daß eines Tages Ärzte, Heilpraktiker und Geistheiler zusammenarbeiten, zum Wohle der Patienten.

Ich fragte damals Marian, ob ich wohl einmal hellsehen könnte, und sie sagte: „Du wirst hellhörend werden.“

Nun, zu der Zeit konnte ich mir darunter wenig vorstellen und mußte mich auf Botschaften durch andere Medien beschränken, aber der Wunsch, selbst Kontakt zur Geistigen Welt zu haben, war doch sehr stark in mir.

Es begann dann eine Zeit, wo ich immer sagte: „Es dachte mich.“ Das heißt, ich bekam Inspirationen, aber ich wußte nicht, wo sie herkamen. Nur gestimmt haben diese indirekten Informationen immer, und sie kamen immer dann, wenn ich gar nicht darüber nachdachte, beim Geschirrspülen z.B. oder beim Bügeln.

Eines Tages bekam ich eine Einladung von einer spirituellen Familie aus Wuppertal. Sie hatte einen Südafrikaner zu Gast, der, wie man mir sagte, Botschaften aus der Geistigen Welt durchgeben würde. Arthur Garside war seit 30 Jahren ein Bewußtseinsmedium, er war nie in Trance oder in einem tranceähnlichen Zustand. Seine Eltern waren aus England und Irland und während des Burenkrieges nach Südafrika gekommen. Er selbst war in Südafrika geboren und aufgewachsen. Er folgte in allem, was er tat, seiner inneren Stimme, der Stimme seines Geistführers. Das faszinierte mich. Und es verstärkte meinen Wunsch, Kontakt mit der Geistigen Welt zu haben.

Arthur schilderte stets sehr anschaulich seine Erlebnisse mit der Geistigen Welt.

Ein für mich unvergessenes Erlebnis, das mein Leben entscheidend verändern sollte, was ich aber damals noch nicht wußte.

Sein damaliger Geistführer hieß David, und er gab sehr starke Botschaften durch, die alle, die dabei waren, sehr bewegt haben. Ich lud ihn daraufhin auch in mein Heim ein, damit auch meine Freunde an diesem Erlebnis teilhaben konnten. Daraufhin entwikkelte sich zwischen uns ein ständiger Briefverkehr.

Arthur hat uns damals gesagt, wie wir Kontakt zur Geistigen Welt aufnehmen können. Er sagte: „Nimm ein Blatt Papier und einen Stift, setze dich an einen Tisch, jeden Tag zur gleichen Zeit, etwa 20 Minuten, und warte, bis der Stift sich bewegt."

So hatte er selbst es vor 30 Jahren einmal gelernt. Und er dachte, es funktioniert bei jedem Menschen so.

Nun, ich war so gespannt, daß ich gleich am nächsten Tag damit anfing.

Ich saß vier Wochen lang, täglich zwanzig Minuten, zur gleichen Zeit an meinem Tisch mit meinem Stift und Papier. Und was tat sich? Nichts, aber auch gar nichts. Es war schier zum Verzweifeln, der Stift bewegte sich einfach nicht.

Ich versuchte verzweifelt, mich auf meine Hand zu konzentrieren, aber es geschah nichts. Konnte es auch nicht, denn ich hatte die Hand schwer auf dem Tisch liegen und bohrte den Stift ins Papier. Ich hätte die Hand ganz locker halten müssen, aber das wußte ich damals noch nicht.

Nachdem nun vier Wochen des Wartens vergangen waren und nichts passierte, wurde meine Geduld auf eine harte Probe gestellt. Da verkündete ich:

„Ihr lieben Freunde, eine Woche will ich es nun noch weitermachen, dann höre ich damit auf, denn dann ist es nichts für mich."

Ich glaubte nämlich damals noch, es sei eine besondere Gabe oder ein Geschenk, daß man verdienen müsse.

Nachdem ich am nächsten Morgen also wieder mit meinem Stift angetreten war, bekam ich Texte in mein Bewußtsein über die Liebe, über die Bewußtseinsentwicklung der Menschen usw.

Nun , ich schrieb es einfach auf, weil ich dachte, ich kann mich dann besser auf meine Hand konzentrieren. Ich dachte nämlich auch, es sei einfach mangelnde Konzentration, daß es nicht funktionierte.

Am nächsten Tag geschah genau das gleiche und auch am dritten Tag. Ich wußte, ich konnte diese Texte nicht selbst geschrieben haben, denn sie waren druckreif. Ich fragte dann die Geistige Welt, ob dies denn wohl für mich die Form der Übermittlung sei und man sagte: „Ja, aber wir wollten, daß du das selbst herausfindest. Auch war es ein Geduldstest." Es war eine wirkliche Geduldsprobe für mich, und ich wundere mich heute noch, daß ich sie damals bestanden habe.

Nun erfuhr ich auch den Namen meines Geistführers: Eckhart.

Daß er der Meister Eckhart ist, erfuhr ich erst später von anderen Medien. Ich hätte es zu Beginn des Kontakts sicher auch nicht gut annehmen können.

Mir genügte auch der Name, denn ich war überglücklich, den Kontakt zu haben. Er wurde sehr schnell stabil, und ich bin dann fast sechs Wochen allein in Amerika gewesen, um den Kontakt zu stabilisieren. Ich war in vielen spirituellen Zentren und habe dort von den Menschen viel gelernt. Vor allem hat mich die Herzlichkeit und Offenheit, mit der ich dort stets empfangen wurde, tief beeindruckt und mein Leben geprägt. Ich lernte täglich mehr auf die leise, innere Stimme zu hören. Je mehr ich bereit war, mich darauf einzulassen, desto deutlicher wurde sie.

Als ich zurückkam, sagte Eckhart: „Nun kannst du deine Koffer packen und nach Südafrika fahren, dort wirst du von Arthur zum Sprechmedium ausgebildet."

Ich aber sagte, das geht nicht. Jeder wird dafür Verständnis haben, denn wenn man aus seiner Praxis solange weg ist, muß man einfach wieder da sein, damit die Patienten sich nicht verlaufen. Nun, die Geistige Welt sah dies offenbar anders, denn mein Geistführer blieb dabei, daß er sagte. „Fahre nach S.A., es ist für dich sehr wichtig." Wie recht er damit haben sollte, konnte ich damals natürlich nicht wissen. Auch hatte ich damals kein Geld für so weite und so lange Auslandsaufenthalte. Alles Geld, was ich dafür brauchte, mußte ich als Kredit bei der Bank aufnehmen. Außerdem hatte ich durch meine lange Reiseabwesenheit auch keine Einnahmen.

Erschwerend für mich kam noch hinzu, daß Arthur glaubte, er würde in die Geistige Welt rübergehen, weil er eine Botschaft falsch verstanden hatte. Nun, so ging es hin und her, und nach einigen Wochen sagte ich: „Also gut, Vertrauen muß man haben in die Geistige Welt, sonst geht es nicht. Wenn Arthur dann nicht mehr da ist, schaue ich mir eben das Land an." Es war schon ein sehr großes Vertrauen erforderlich, um diese Dinge wirklich umzusetzen.

Ich war dann insgesamt 6 Monate in diesem herrlichen Land Südafrika. Ich lernte den ganzen Tag, Botschaften zu empfangen und herauszugeben. Mein Kontakt zu meinem Geistführer festigte sich von Tag zu Tag mehr. Vor allem aber lernte ich, daß ich ihm absolut vertrauen konnte. Das war für mich sehr wichtig, und er bewies mir wieder und wieder, daß er recht hatte mit dem, was er mir sagte. Auch dann, wenn oftmals alle äußeren Umstände dagegen sprachen.

Auch machte ich damals viele Übungen, die einfach mein Vertrauen in die Geistige Welt stärken sollten. Einmal war ich in einem riesigen Schwimmbad-Areal, und Eckhart bat mich, vom Ende des Parks mit geschlossenen Augen bis zum Schwimmbad zu gehen. Es lagen sehr viele Menschen auf ihren Liegestühlen. Nun, ich versuchte mein Bestes, aber ab und zu blinzelte ich doch, um mich zu orientieren. Als ich am Schwimmbad ankam, sagte Eckhart:

„Es war schon ganz gut, aber mach es bitte noch einmal mit geschlossenen Augen.“ Ich ging also zurück und tat, wie mir geheißen wurde. Er führte mich wirklich durch all die vielen Liegestühle hindurch, und ich wurde genau am Schwimmbadrand gebeten, meine Augen wieder aufzumachen.

Als dann eines Tages Jesus zu mir sprechen wollte, konnte ich es zunächst nicht glauben. Ich fühlte mich irgendwie dessen nicht würdig.

Da ich aber als Kind bereits einen sehr engen Kontakt zu Jesus hatte, wurde es mir nach und nach verständlich. Ich bin meinem spirituellen Lehrer, Bischof Witte, den ich schon als kleines Kind kannte und der mich lehrte, Jesus zu lieben, unendlich dankbar.

Ich habe meine Kindheit zum größten Teil in der Kirche verbracht. Nicht, weil ich das mußte, da mein Vater bei der Hamburgischen Landeskirche beschäftigt war. Es war mir einfach ein Bedürfnis. Niemand wußte damals, warum dies so war. Meine Mutter war oftmals ärgerlich darüber und sagte: „Wir bringen dir gleich das Bett dorthin, dann brauchst du gar nicht erst nach Hause zu kommen." Jetzt weiß ich natürlich, daß ich auf meine heutigen Aufgaben vorbereitet wurde. Wenn ich mein Leben so betrachte, so hat mich letztendlich alles zu dem Punkt gebracht, an dem ich heute stehe. Auch alle Krisen waren notwendige Wachstumsprozesse.

Der Kontakt zu Jesus wurde mit der Zeit immer stabiler.

Eines Tages hörte ich auch die Stimme Gottes.

Ich war tief erschüttert und in Tränen aufgelöst.

Ich fuhr dann durch ganz Südafrika und war bei vielen Medien zu Gast und habe an manchen Gottesdiensten der Spiritual Church, wie sie dort genannt wird, teilgenommen. Dort werden sonntags die Botschaften der Geistigen Welt durchgegeben für die Gemeindemitglieder, und ich war manchmal tief erschüttert von der Weisheit und der Liebe, die uns dort von der Geistigen Welt übermittelt wurde.

Ich danke allen Menschen, die mich dort mit so viel Herzlichkeit aufgenommen haben, auch oft ganz fremde Menschen. Ich werde diese Gastfreundlichkeit stets in meinem Herzen bewahren.

So wuchs mein Vertrauen immer mehr, zumal ich, je mehr ich mich darauf einließ, immer deutlicher die Führung in meinem Leben spüren konnte.

So kam ich nach den langen Auslandsaufenthalten nach Deutschland zurück, mit vielen Botschaften für mein ferneres Leben im Gepäck, aber ich mußte zunächst lernen, Geduld zu haben, was mir oft nicht leichtgefallen ist.

Zunächst einmal mußte ich damit beginnen, meine Praxis wieder aufzubauen, denn nach der langen Abwesenheit hatten sich die Patienten verlaufen. Während dieser Zeit habe ich oftmals daran gezweifelt, ob ich es wohl richtig gemacht hatte. Aber immer kam die Hilfe zur rechten Zeit, und ich danke allen Menschen, die mir damals Mut gemacht haben, und der Geistigen Welt dafür, daß sie alles so wunderbar koordiniert hat. Ich bekam damals Hilfe von ganz fremden Menschen, die von der Geistigen Welt inspiriert worden waren, mir zu helfen, und ich bin sehr, sehr dankbar dafür.

Ich fuhr dann noch einmal nach Wales, und Rahidi fragte mich, wie lange es denn noch dauern würde, bis ich das, was ich gelernt hätte, nun auch umsetzen würde. Ich sagte, das täte ich schon in etwa, im Freundeskreis begann ich, Botschaften zu geben, und bei einigen Patienten auch. Aber Rahidi meinte, daß, was Eckhart mir auch schon gesagt hatte, daß die Zeit gekommen sei, um Öffentlichkeitsarbeit zu leisten. Ich aber dachte, ich müsse erst noch weitere Ausbildungen machen. Die Geistige Welt war da offensichtlich anderer Meinung.

Nun, so entschloß ich mich, mein Herz über die Hürde zu werfen und meldete Vorträge für die Esoterikmesse in Köln an.

Eines Tages saß ich an meiner Schreibmaschine und wollte meinen Vortrag schreiben. „Was machst du da?“ fragte Eckhart. „Nun, wie du siehst, schreibe ich meinen Vortrag.“

„Warum machst du das, du brauchst doch nur den Kanal aufmachen und es durchfließen lassen.“

„Ja, aber wenn ich dann nervös bin,“ sagte ich. „Du bist dann nicht nervös,“ meinte Eckhart. „Na gut, sagte ich, aber du übernimmst die Verantwortung, wenn ich mich blamiere.“ Ich blamierte mich nicht. Mit seiner Hilfe ging alles wunderbar.

Und so hat alles begonnen. So begannen die ersten Seminare: „Kontakt mit deinem Geistführer“, die ich auch heute, nach so vielen Jahren, immer noch mit Freude gebe. Es ist für mich immer wieder, auch heute noch, ein ergreifendes Erlebnis, wenn die Menschen in meinen Seminaren ihre Geistführer kennenlernen und zu ihnen einen soliden Kontakt herstellen. Ich habe diesen Kurs schon so viele, viele Male gegeben, und die Seminarteilnehmer sind immer ganz glücklich über diesen Kontakt.

Wer also sind unsere Geistführer, und wie nehmen wir Kontakt zu ihnen auf?

Geistführer sind Geist- oder Seelenwesen, die schon viele Inkarnationen hinter sich haben und die sich entsprechend entwickelt haben, teils hier auf der Erde, teils auf anderen Planeten. Sie sind von Gott gesandt, um uns bei unserem spirituellen Wachstum zu helfen. Aber sie stehen uns auch jederzeit in unserem Alltag hilfreich und mit viel Liebe und Geduld zur Seite.

Viele Menschen glauben, daß ihr Schutzengel ihr Geistführer ist. Dies ist nicht so. Jeder Mensch hat einen Schutzengel von der Stunde der Geburt bis zur Stunde des Übergangs in die Geistige Welt. Dieser Schutzengel bleibt immer der gleiche und hat nur eine Aufgabe, uns zu beschützen.

Ich hatte, bevor ich nach Mallorca flog, wo Teile dieses Buches geschrieben werden, ein typisches Erlebnis, an dem man die Funktion des Schutzengels gut ablesen kann.

Ich ging bei mir an der Ecke über die Straße, die Ampel war grün. Plötzlich wurde ich von meinem Schutzengel auf den Bürgersteig zurückgerissen, und genau da, wo ich Sekunden vorher noch gestanden hatte, hielt nun mit kreischenden Bremsen die Straßenbahn. Der Fahrer hatte das für ihn rote Licht nicht gesehen. Es waren noch mehr Passanten auf dem Überweg, aber weiter davon weg. Die begannen, den Fahrer zu beschimpfen. Ich aber dankte meinem Schutzengel aus vollem Herzen. Hier seht ihr ganz deutlich die Arbeit des Schutzengels. Jeder von euch kennt solche Situationen, wo er ganz deutlich die Präsenz seines Schutzengels gespürt hat.

Manche Menschen glauben auch, daß unsere Verstorbenen unsere Geistführer sind. Auch das ist nicht an dem. Wir kennen nicht die Gesamtentwicklung unserer Verstorbenen, mögen sie uns auch noch so lieb gewesen sein. Wir bestehen alle aus unserer Gesamtevolution. Gott bestimmt, wer unser Geistführer ist, wir haben darauf keinen Einfluß. Entsprechend unserer spirituellen Entwicklung muß auch die Entwicklung unseres Geistführes sein, sonst würde ein Blinder einen Blinden führen, und beide fallen in eine Grube hinein.

Es ist auch nicht gut, unsere Verstorbenen ständig zu rufen, wie das z.B. die Tonbandstimmenforscher tun. Die Seelen in der Geistigen Welt haben ihre eigene Entwicklung zu durchlaufen, und es ist nicht gut, sie ständig dabei zu stören. Wir möchten doch auch nicht, daß man uns bei unseren Aufgaben ständig unterbricht. Dies heißt nun nicht, daß wir nicht auch von unseren Lieben in der Geistigen Welt einmal Botschaften bekommen können. Meine Mutter gibt mir auch manchmal einen Gruß durch, aber sehr bald sagt sie dann, sie müsse sich nun verabschieden, weil sie zu ihren Aufgaben zurückkehren müsse. Sie kommt aber nur, wenn es ihr gestattet ist und wenn sie es möchte, ich selbst rufe sie nie. Ich denke nur liebevoll an sie. Es ist auch nicht hilfreich, nach dem Tod eines Menschen allzu sehr um ihn zu trauern. Er hat dann keine Ruhe, weil unsere Trauer ihn nicht zur Ruhe kommen läßt, und wir machen ihn dadurch unter Umständen erdgebunden. All unsere Verstorbenen leben ja weiter und können jederzeit um uns sein, wenn sie das möchten.

Unsere Geistführer sind Geist- oder Seelenwesen von unendlicher Liebe und Güte, die nur unser Wohl und unsere spirituelle Entwicklung im Bewußtsein haben.

Sie sind so real wie wir auch, nur können wir sie nicht sehen, weil sie schneller schwingen als wir, von einigen Hellsichtigen einmal abgesehen. Und alles, was schneller schwingt als wir, können wir nicht sehen.

In der Meditation allerdings sind die meisten Menschen in der Lage, ihren Geistführer auch zu sehen, um so leichter ein Vertrauensverhältnis aufbauen zu können. Es ist nicht wichtig, wie unser Geistführer aussieht, aber für uns persönlicher und leichter, den Kontakt zu ihm herzustellen.

Die Geistführer können sich auf ganz verschiedene Weise bemerkbar machen. Ich selbst hatte am Anfang ein leichtes Tuten im

Ohr, aber als Mediziner sind einem Ohrgeräusche immer etwas suspekt. Und wenn es lauter war, habe ich das Tuten auch nicht gehört. Heute habe ich in meiner linken Hand ein Energiezeichen. Manche Menschen haben ein leichtes Kribbeln im Kronenchakra, andere am siebten Halswirbel, manche auch ein leichtes Klingeln oder Tuten im Ohr.

Welche Formen der Übermittlung der Botschaften gibt es nun? Da ist zum einen das sogenannte automatische Schreiben, wobei die Hand automatisch über das Papier gleitet, das heißt, das Geistwesen führt die Hand. Aber nach meinen jahrelangen Erfahrungen gibt es wenig Menschen, die automatisch schreiben. Die Geistige Welt möchte es auch nicht mehr gerne haben, denn es ist Energieverschwendung. Wenn wir die Botschaft hören, braucht das Geistwesen unsere Hand nicht mehr zu bewegen. Und es gibt Situationen, wo wir auch nicht erst den Stift zur Hand nehmen können, um die Botschaft aufzuschreiben. Beim Autofahren z.B. kann ich, wenn ich im Stau stehe und frage, was ich tun soll, nicht erst aufschreiben, was Eckhart mir sagt. Das Problem dabei ist, daß das rein automatische Schreiben später kaum lesbar ist, weil alles ineinandergezogen ist.

Die gebräuchlichste Form der Übermittlung ist die sogenannte thelepatische Übermittlung. Das Geistwesen sendet die Botschaft auf einer Energiewelle, die dann auf unser Gehirn trifft, und hier wird sie transformiert und zum Gedanken oder beim Chaneln zur Sprache umgeformt. Man könnte auch sagen, es ist die lautlose Stimme.

Viele Menschen meinen, es sei eine richtige Stimme, die zu ihnen spricht, aber es ist mehr das gedankenfließende Wort.

Wir alle haben mehrere Geistführer, männliche und weibliche und auch entsprechend unserem Leben oder unserem beruflichen Werdegang. Die Geistführer können durchaus auch einmal wechseln. Es gibt Geistwesen, die sind sogenannte Wegbereiter, das heißt, sie sorgen dafür, daß der Kontakt mit einem Menschen stabil ist, und dann verabschieden sie sich und übernehmen wieder andere Aufgaben.

Es gibt keinen Beruf auf der Erde, den es in der Geistigen Welt nicht schon längst gegeben hat, und so kann man Informationen zu jedem Thema bekommen. Wenn der eigene Geistführer eine Frage nicht beantworten kann, so kann er die Antwort doch jederzeit bekommen.

Die Geistige Welt kann durch unsere Hand automatisch malen. Ich habe viele Bilder aus Südafrika von Arthurs Bruder Walter mitgebracht, die automatisch gemalt worden sind. Ich habe oft gesehen, wie sie entstanden sind. Die Hand ging über den Kasten mit den Ölkreiden, stoppte dann irgendwo ab, wählte eine Farbe aus, setzte automatisch auf das Papier auf, und malte automatisch wunderschöne Bilder. Walter selbst, ein ehemaliger Minenarbeiter, hätte sie niemals malen können. Er konnte sich dabei unterhalten, Kaffee trinken oder eine Zigarette rauchen, die Hand ging unermüdlich und ohne sein Dazutun über das Zeichenpapier. Ich zeige die Bilder immer gern in meinen Seminaren, und die Menschen sind immer wieder von ihrer Schönheit berührt.

Die Geistige Welt kann auch durch einen Menschen komponieren. In England lebt Rosemarie Brown, die in Trance geht, und Beethoven, Mozart und einige andere bekannte Komponisten komponieren durch sie. Experten haben exakt die Handschrift der Komponisten bestätigt.

Mir selbst passierte vor einigen Jahren etwas Wunderbares. Wir hatten in Düsseldorf einen großen Esoterischen Kongreß: „Leben nach dem Tod."

Da ich der 2. Kongreßpate war, bekam ich einen kostenlosen Stand zur Verfügung gestellt. Ich wollte eigentlich meine Seminarprospekte dort auslegen, aber Eckhart meinte, ich solle dort selbstgemalte Seidentücher vorstellen.

Welch eine Idee! Es war drei Tage vor Kongreßbeginn, und ich konnte gar keine Seidenmalerei. Ich sagte: „Weißt du, du lebst außerhalb von Raum und Zeit. In dieser Zeit ist es erstens nicht möglich, und zweitens bin ich völlig unbegabt in solchen Dingen."

„Das macht nichts, hier ist ein Geistwesen mit Namen Sabella, das sagt dir, wie es gemacht wird. Bitte, kaufe zwanzig Seidentücher und entsprechende Farben."

Nun, ich trabte mehr gespannt als freudig los und tat, wie mir geheißen wurde. Ich malte zu meinem größten Erstaunen in diesen drei Tagen 40 Seidentücher.

Die Tücher waren in zum Teil sehr ungewöhnlichen Farben zusammengestellt, wie ich sie selbst niemals gewählt hätte. Ich fragte, warum dies so sei, und mir wurde gesagt, daß ich doch aus der Medizin die Farbtherapie kenne. Es handle sich auch hierbei um Farbschwingungen, die sich der Körper über die einzelnen Chakras holen würde, und zwar die Farbschwingung, die er gerade brauche. Chakras sind Energieräder, die sich normalerweise von selbst drehen. Durch eine falsche Denk- oder Lebensweise blockieren wir die

Chakras, und sie haben dann nicht mehr genug, oder auch zuviel Energie.

Als ich zuletzt in Südafrika war, bekam ich durch ein Tieftrancemedium eine Botschaft von Krishnamurti über die Tücher. Er bat mich, doch den Menschen zu sagen, daß meine Tücher mit Liebe und Heilkraft aus der Geistigen Welt aufgeladen seien. Nun, ich hatte dies auch vorher schon manchmal gesagt, aber seitdem weise ich ganz bewußt darauf hin.

Und so ist es in der Tat. Viele Menschen haben mir schon von den Heilkräften der Tücher berichtet. Jedes Tuch ist anders, weil jeder Mensch andere Schwingungen braucht. Ich messe dann mit der Bioantenne immer aus, nachdem die Menschen sich intuitiv ihr Tuch ausgesucht haben, ob es auch die für sie beste Schwingung hat. Eines Tages erzählte uns eine Dame während einer Arbeitsgruppe, sie sei sehr krank gewesen und hätte hohes Fieber gehabt. Ihr Geistführer bat sie, das Heiltuch über ihr Bett zu hängen. Nun, sie war sehr schlapp und müde und wollte eigentlich seinem Rat nicht nachkommen. Er aber sagte: „Du wirst morgen früh nicht gesund sein, wenn du es nicht über deinem Bett aufhängst.“ So tat sie es denn, und am nächsten Morgen war die Krankheit wie weggeblasen. Ich könnte euch noch viele Geschichten über die Tücher erzählen, aber es würde sicher den Rahmen dieses Buches sprengen. Eines jedoch steht fest, alle Menschen, die so ein Tuch besitzen, sind von seiner Kraft überzeugt.

In meinen Geistheilungsseminaren lernen die Teilnehmer auch, selbst Heiltücher herzustellen. Sie werden aufgeladen mit der göttlichen Heilkraft.

Ihr seht schon an diesen wenigen Beispielen, wie vielseitig unsere geistigen Freunde sind. Viele Menschen fangen nach einem Seminar bei mir an zu malen, die vorher noch nie in ihrem Leben gemalt haben. Auch ich selbst habe schon wunderbare, spirituelle Bilder mit Hilfe der Geistigen Welt gemalt, obwohl ich normalerweise überhaupt nicht malen kann. Auch hierzu hat mir mein Freund Eckhart verholfen. Eines Tages nämlich bat er mich, zu einer Kreativmesse nach Dortmund zu fahren. Ich hatte eigentlich weder Zeit noch Lust dorthin zu fahren, weil ich dachte, es handle sich dabei um Beschaffung des Materials für meine Seidenmalerei. Kurz und gut, ich fuhr dorthin und lernte dabei eine ganz alte Maltechnik kennen, die man bereits im alten Ägypten verwandt hat. Man hat nämlich dort den Mumien wunderbaren Bilder aus Wachs aufgemalt, damit sie auch im Jenseits ein schönes Bild sehen konnten. Nun, auf diese Weise kam ich zu meinen spirituellen Bildern. Kürzlich wurde ich von Seminarteilnehmern gebeten, doch zu dieser 3000 Jahre alten Maltechnik, die bei meinen Bildern verwendet wurde, ein Seminar zu geben. Eigentlich wollte ich es zuerst nicht machen, aber dann hatten wir ein sehr schönes Seminar, und es passierten wunderbare Phänomene. Alle Teilnehmer erzählten mir am nächsten Morgen, daß sie am Abend des Seminars ganz wunderbare Farben vor ihrem dritten Auge gehabt hätten.

Kurze Zeit später kam eine der Teilnehmerinnen zu einer persönlichen Beratung mit Eckhart, und er sagte, ich sehe für dich ein Kinderbuch, das auch publiziert wird. „Das stimmt,“ sagte die Dame. „Geschrieben ist es schon, ich suche nur noch einen Illustrator.“

„Warum, du kannst es doch selber illustrieren. Verwende die Technik, die du bei Elisabeth gelernt hast. Nimm dir die Geschichten vor und meditiere, welche Farbe dazu paßt, und dann beginne mit dem dazugehörigen Bild," sagte Eckhart.

Auch hier sieht man wieder die Führung. Wir wissen oftmals gar nicht, was die Geistwesen schon lange gesehen haben. Sie haben einfach eine viel größere Schau als wir.

Auch im normalen Alltag sind die Geistführer sehr hilfreich und immer gern bereit, uns mit Rat und Tat zur Seite zu stehen. Wir brauchen sie nur zu bitten, uns behilflich zu sein.

Wir sind in unserer Sichtweise doch noch sehr begrenzt, weil wir diese Begrenzungen von der Gesellschaft, der Kirche, unseren Eltern u.s.w. übernommen haben. Die Geistführer aber kennen nicht nur unsere Vergangenheit, sondern können auch weit in die Zukunft schauen und können uns dadurch viel besser beraten, als irgendein Mensch auf dieser Erde. Darum sind auch die Hilfen, die sie uns geben, so effektiv. Eckhart hat in den spirituellen Lebensberatungen, die ich schon seit Jahren mit viel Freude gebe, schon so vielen Menschen geholfen, und sie sind ihm sehr dankbar. Oftmals kommen Menschen und sagen:" Weißt du noch, Eckhart hat mir dieses oder jenes damals schon gesagt."

Ich bin immer wieder sehr froh und dankbar, den Menschen auch auf diese Weise helfen zu dürfen.

Mir selbst ist in all den Jahren soviel Hilfe zuteil geworden, daß ich es gar nicht alles aufzählen kann. Es begann schon damals in Amerika, wo ich ganz allein unterwegs war. Ich habe stets die richtigen Menschen getroffen, die mir weitergeholfen haben, ich fand stets die richtige Straße. Nur einmal hat man mich bewußt die falsche Straße entlangfahren lassen, und das kam so:

Arthur hatte mir Grüße aufgetragen an Pat und Stan in Fresno, das in der „Nähe“ von San Franzisko liegt. Ich machte mich also auf, und wer schon einmal in Kalifornien war, kennt das Gewirr der sechsspurigen Highways, die über- und untereinander herführen. Nun, kurz und gut, ich hatte mich verfahren und als ich es bemerkte, bereits eine beachtliche Strecke zurückgelegt, ohne daß mich jemand von meinen Geistigen Freunden darauf aufmerksam gemacht hatte. Ich hielt also an, schaute auf die Karte, stellte die Bescherung fest und fragte:“ Und was mache ich jetzt?“

„Es wäre besser, du würdest zuerst an die Küste fahren und dort zwei Damen besuchen, die du eigentlich hinterher besuchen wolltest.“

So tat ich denn und wurde dort sehr herzlich aufgenommen. Man lud mich, die Fremde, sofort ein, dort zu übernachten.

Am nächsten Tag fuhr ich dann, mit beträchtlichem Umweg, wie ich fand, nach Fresno weiter. Und siehe da, es stellte sich heraus, daß Pat und Stan am Tag vorher gar nicht zu Hause waren. Ich wurde dort mit unglaublicher Herzlichkeit aufgenommen. Diese beiden großartigen Menschen luden mich ein, solange bei ihnen zu wohnen, wie ich wollte. Sie stellten mich ihren Freunden vor, und wir hatten eine wundervolle Zeit miteinander. Ich werde bald wieder dorthin fliegen, um dort ein Geistführerseminar zu geben.

Und so wurde ich weiter geführt. Die Geistige Welt sorgt wunderbar für uns, wenn wir bereit sind, mit unseren Geistführern zu kooperieren.

Es sind unsere Freunde, die unendlich viel Liebe und Geduld mit uns haben.

Manche Menschen haben Angst, wenn sie sich auf den Kontakt mit der Geistigen Welt einlassen, daß sie dann nicht mehr der „Boss“ ihres Lebens sind, doch diese Angst ist völlig unbegründet. Unsere Geistführer werden uns nie zu irgend etwas zwingen. Das wäre Eingriff in unseren freien Willen, in den selbst Gott niemals eingreifen wird. Täte er es, gäbe es zwar keine Kriege mehr, aber wir wären alle nur wie Marionetten oder Zombies.

Die Geistige Welt gibt uns einen Rat, ob wir ihn befolgen oder nicht, bleibt uns selbst überlassen.

Niemand ist uns böse, wenn wir uns anders entscheiden, wir müssen dann oftmals nur ein paar Erfahrungen sammeln.

In aller Regel höre ich auf das, was mein Geistführer mir sagt, aber es ist auch schon vorgekommen, daß ich es, meist aus Versehen, überhört habe.

Die Botschaft des Geistführers muß immer positiv und konstruktiv sein. Wenn dich z. B. jemand verletzt hat, und du bittest um Rat, und du hast auf deinem Blatt Papier stehen: „Dem mußt du es aber richtig geben,“ dann ist die Botschaft nicht von deinem Geistführer, sondern aus deinem Ego.

Es ist im Anfang oft schwierig, die Botschaften richtig einzuordnen. Viele Menschen denken im Anfang, daß sie das selbst gedacht haben. Darum ist es immer besser, den Kontakt in einem Seminar richtig zu erlernen.

Das wichtigste, bevor man überhaupt Kontakt aufnimmt, ist, daß man um Schutz bittet, und zwar Gott. Dazu reicht ein kurzer Satz:

„Lieber Gott, ich bitte um Schutz vor aller Negativität.“

Das ist ganz wichtig. In den astralen Ebenen leben viele erdgebundene Seelen, die uns räumlich näher sind als die hohen Lichtboten. Diese Seelen möchten auch gern mit uns kommunizieren, aber ihre Botschaften sind für uns nicht ernstzunehmen oder sogar irreführend.

Ich erinnere mich an eine Dame aus München, die vor Jahren ein Seminar besucht hat, und die einen wunderbaren Kontakt zu ihrem Geistführer herstellen konnte. Einige Zeit danach rief sie mich an und sagte:

„Ich brauche deinen Rat. Bei uns klappen die Türen, obwohl kein Wind ist, Bilder fallen von der Wand, und es ist sogar ein Glas auf dem Tisch zersprungen. Was ist das?“

Ich fragte sie, ob sie auch um Schutz gebeten habe, und sie sagte: „Nein, ich war so begeistert, ich habe alles vergessen, was du gesagt hast.“

Daraufhin bat ich sie, die Räume durchzureinigen und von da an immer um Schutz zu bitten. Es ist danach auch nie wieder aufgetreten. Auch kann ich mich an eine Dame erinnern, die, bevor sie zu mir ins Seminar kam, seit Jahren Botschaften bekommen hatte, die aber zum größten Teil nicht stimmten. Auch sie hatte nie um Schutz gebeten, weil sie es nicht wußte.

Man sollte auch vor jeder Meditation um Schutz bitten, weil sich in der Meditation die Chakren öffnen. Auch sollte der letzte Gedanke des Abends ein Schutzgebet sein, denn wir gehen nachts, wenn wir mit unserem Ätherkörper den fleischlichen Körper verlassen, durch die astralen Ebenen, darum ist der Schutz wichtig.

Wie nimmt man nun am besten Kontakt zur Geistigen Welt auf? Es ist wichtig, daß wir im Anfang die Botschaften aufschreiben, wenn wir sie nur im Kopf haben, ist es sehr schwer, die Botschaften zu unterscheiden und richtig einzuordnen. Sonst mischt sich sehr schnell das Ego ein und sagt: „Das glaubst du doch selber nicht, daß das dein Geistführer gesagt hat, das hast du selbst gedacht." Und schon ist der Zweifel da.

Jesus sagte schon damals: „Prüfet die Geister. An ihren Früchten werdet ihr sie erkennen." Und die Früchte sind in diesem Fall die Botschaften.

Es ist auch immer gut, vorher ein wenig zu meditieren, weil dabei die Ratio auf die Seite tritt und wir dabei auf eine andere Bewußtseinsebene gelangen.

Das Ego tritt hierbei auf die Seite, denn der Verstand gehört zum Egosystem. Das Ego will nicht, daß wir den Kontakt zu den Geistigen Ebenen herstellen, dazu fürchtet es zu sehr um seine Vormachtstellung, nämlich uns zu kontrollieren und zu manipulieren. Das Ego hat Angst, daß wir durch diesen Kontakt zu unserer göttlichen Quelle vorstoßen könnten, und das ist für das Egosystem eine immense Bedrohung. Und es denkt sich wirklich erstaunliche Dinge aus, um die Menschen von dem Kontakt mit ihrem Geistführer abzubringen. Es ist sicher hilfreich und förderlich, die nun folgende Meditation, die dazu dient, den Geistführer zunächst einmal kennenzulernen, auf eine Casette aufzunehmen oder sie sich von einem Freund aufsprechen zu lassen. Wie schon gesagt, das beste wäre, es in einem Seminar einmal richtig zu erlernen, und ich gebe in jedem Monat ein Geistführerseminar.

Und bitte nie das Um-Schutz-Bitten vergessen!

Setze dich an einen ruhigen Platz, von dem du sicher bist, daß dich hier niemand stören wird. Stelle das Telefon nach Möglichkeit ab, damit du nicht dadurch gestört wirst.

Beginne mit deinem Schutzgebet, und dann beobachte eine Weile deinen Atem. Konzentriere dich ganz auf das Ein- und Ausatmen. Atme tief ein und wieder aus. Atme die göttliche Liebe ein und lasse mit jedem Ausatmen alles los, was dich belastet. Lasse mit jedem Atemzug den Alltag mehr und mehr los und sei ganz bei deinem Atem. Sinke mit jedem Atemzug mehr und mehr in die Stille.
Entspanne deinen ganzen Körper. Beginne bei deinen Füßen. Konzentriere dich einfach ganz auf deine Füße und Beine. Entspanne alle Muskeln, alle Sehnen und alle Nerven.
Entspanne nun deinen ganzen Bauchraum. Lasse alle Spannungen los und spüre, wie eine immer größere Ruhe in dich einkehrt.
Entspanne nun deinen ganzen Brustraum und deinen Rücken, spüre, wie alles ganz leicht wird. Entspanne auch die Hals- und Nackenmuskeln. Alle Anspannung in diesem Bereich löst sich auf, und du fühlst dich ganz wohl, ganz entspannt. Entspanne deine Arme und Hände, lasse sie ganz locker werden. Entspanne nun noch deinen gesamten Kopf, alles wird leicht und locker.
Nun stell dir bitte vor, daß aus deinen Füßen dicke Wurzeln wachsen, die du, wie ein Baum, tief und breit in die Erde versenkst. Sei mit deinem Bewußtsein ganz in deinen Füßen und lasse mit jedem Atemzug die Wurzeln stärker werden. Spüre richtig die Verbindung zur Erde. Nimm dir Zeit für die Erdung.

Und nun stelle dir einmal vor, du bist in einem wunderschönen Garten.

Lasse dir Zeit, den richtigen Garten zu finden, der dir gefällt. Es kann sein, daß du diesen Garten bereits kennst oder daß du ihn dir in deiner Vorstellung erst erschaffst. Es ist angenehm warm dort, und die Sonne scheint. Sieh dich erst ein wenig um in deinem Garten. Was für Blumen blühen dort, welche Bäume stehen darin? Du fühlst dich ganz wohl und beschützt hier, denn dein Geistführer ist bei dir. Auch wenn du ihn im Moment noch nicht sehen kannst. Höre das Zwitschern der Vögel und sieh den Schmetterlingen zu. Entspanne dich noch mehr.

Gehe nun tiefer hinein in den Garten. Du kommst an einen riesigen Springbrunnen. Das Wasser fällt in Kaskaden herunter, und das Sonnenlicht spiegelt sich in den Wassertropfen, die wie Diamanten leuchten.

Nimm dir Zeit, dich hier an dem Springbrunnen auszuruhen, so lange du möchtest. Das Wasser hilft dir, all deine Gefühle zu beruhigen, alle Ängste loszulassen. Fühle, wie du freier und freier wirst. Tiefe Ruhe ist in dir .

Wenn du bereit bist, gehe langsam weiter, bis du an eine breite Marmortreppe kommst, die mit zehn Stufen nach oben auf eine andere Ebene führt. Gehe ganz langsam nach oben und lasse mit jeder Stufe, die du höher gehst, den Alltag mehr und mehr hinter dir.

Du kommst auf ein großes Plateau und siehst in der Ferne eine große Pyramide stehen. Pyramiden sind Orte der Kraft, und du wirst wie magisch angezogen von ihr. Schaue dir zunächst einmal an, aus welchem Material die Pyramide ist, vielleicht aus Sandstein, aus Edelstein, aus Glas oder einfach nur aus Licht.

Lasse dir viel Zeit hier bei deiner Pyramide. Dann tritt langsam ein. Ein angenehm warmes Licht empfängt dich, und du fühlst dich dort ganz wohl in deiner großen Pyramide, in dem Wissen, daß du hier gleich deinem Geistführer begegnen wirst.

Schau dich erst einmal um hier. An den Wänden der Pyramide findest du ganz alte Bücherregale mit unzähligen Büchern darin.

An der Stirnseite der Pyramide siehst du einen alten Schreibtisch stehen mit einer Lampe darauf, die ein warmes Licht verströmt. Hinter dem Schreibtisch siehst du ein Wesen sitzen, bei dem es sich um deinen Geistführer handelt oder deine Geistführerin. Das Wesen erhebt sich nun und kommt auf dich zu. Du fühlst dich sogleich angenommen und verstanden, denn eine unendliche Güte geht von ihm oder ihr aus.

Schau dir an, wie dein Geistführer aussieht, welche Kleidung er trägt, und wie sieht seine Haartracht aus. Nimm all diese Dinge in dich auf. Versuche auch, seine Energie zu spüren.

Dann bitte das Geistwesen um seinen oder ihren Namen. Laß dir Zeit, auch wenn der Name nicht gleich da ist, du wirst ihn hier bekommen. Der erste Name, der in dein Bewußtsein kommt, den behalte. Versuche deinen Verstand ganz außen vor zu lassen.

Du kannst dem Geistwesen auch eine Frage stellen, und dann warte ganz einfach auf die Antwort. Gebt euch die Hände, damit du seine Energien spüren kannst. Sieh die Liebe, die von ihm ausgeht, und denke daran, er ist von Gott gesandt, um dir zu helfen. Er ist dein Freund, der an deiner Seite geht, und du weißt nun, daß du von nun an nie mehr allein bist.

Er ist immer für dich da.

Nimm dir Zeit für diese Begegnung. Du kannst ihn auch um ein Zeichen oder um ein Symbol bitten, durch das du später besser mit ihm in Kontakt kommen kannst.
Dann bitte deinen Geistführer, dich wieder zurückzubringen bis in den Garten. Nimm seine Hand und spüre die Energie. Und nun geht ganz langsam den Weg zurück in den Garten. Hier bedanke dich für die Erfahrung, die du mit ihm machen durftest, und dann verabschiede dich zunächst von ihm, aber wisse, er ist stets an deiner Seite.
Nun komm langsam in den Raum zurück, in dem du dich befindest.
Atme tief ein und aus, ganz tief ein- und ausatmen. Recke und strecke dich und öffne dann langsam die Augen. Nimm deine Hände hoch über den Kopf und schlage sie kräftig aus, und sei dann ganz im Hier und Jetzt.
Dann mache dir am besten einige Notizen über dein Erleben.
Solltest du deinem Geistführer noch nicht gleich beim ersten Mal gesehen haben, sei nicht traurig, du kannst diese Meditation jederzeit wiederholen.
Es ist an sich nicht wichtig, daß man den Geistführer gesehen hat, aber es ist leichter, ein Vertrauensverhältnis aufzubauen. Auch der Name ist nicht wichtig, und doch ist es so persönlicher. Ich habe Eckhart auch lange Zeit nicht gesehen. Mir war aber auch immer die Botschaft wichtiger.

Mit der Zeit werdet ihr ein Vertrauensverhältnis zu eurem Geistführer aufbauen. Ich habe ein so großes Vertrauen zu Meister Eckhart, weil er mir seit vielen Jahren immer wieder bewiesen hat, und vielen anderen auch, daß er recht hat mit dem, was er sagt. Selbst wenn alle Umstände manchmal dagegen zu sprechen schienen, so ist doch immer eingetroffen, was er sagte.

Unsere Geistführer sind nicht nur für unser spirituelles Wachstum verantwortlich, sondern sie sind auch durchaus im Alltag sehr hilfreich.

Eines Tages war ich in Wales, um dort in der spirituellen Kirche zu arbeiten. Ich war mit meinem eigenen Wagen dorthin gefahren und hatte mit dem Luftkissenboot von Calais nach Dover übergesetzt. Als ich zurückfahren wollte, regnete es in Strömen. Eckhart bat mich, nicht die Küstenstraße zu nehmen sondern durch die Berge zu fahren und versprach mir auch Sonnenschein. Da es wirklich in Strömen goß, dachte ich zweifelnd, wie er das wohl machen will. Die Straße durch die Berge in Wales ist unendlich kurvenreich und bei schlechtem Wetter bestimmt nicht schön zu fahren, und an Sonnenschein hat an diesem Tag sicher niemand geglaubt. Ich fuhr also nicht gerade frohgestimmt los. Nachdem ich eine Weile gefahren war und in höhergelegene Regionen kam, klarte der Himmel plötzlich auf, und die Sonne schien. Nun sah der Tag schon wesentlich freundlicher aus. Als ich bereits eine lange Strecke gefahren war, sah ich ein großes Schild: Severnbrücke geschlossen. Die Severnbrücke ist die große Brücke, die England mit Wales verbindet. Wenn das Wetter sehr schlecht ist, oder wenn es zu windig ist, wird diese Brücke geschlossen, weil es sonst zu gefährlich ist.

Daher also die Warnung, nicht die Küstenstraße entlangzufahren. Ich war sehr dankbar, denn die Geistige Welt hatte mir damit einen riesigen Umweg erspart. Aber der Tag war noch nicht zu Ende. Ich wollte mir in England noch einiges anschauen an diesem Tag. Eckhart aber bat mich, so schnell wie möglich nach Dover zu fahren und das nächste Luftkissenboot zu nehmen. Unterwegs wurde ich ein paarmal darauf aufmerksam gemacht, doch schneller zu fahren, was ich auch tat.

Als ich an der Schiffsanlegestelle ankam und meinen Wunsch nach dem nächsten Luftkissenboot nach Calais kundtat, wurde mir gesagt, das Boot sei bereits voll. Nun, ich rief innerlich nach Eckhart und bat den Mann, doch noch einmal nachzusehen, was dieser auch tat. Ich sagte zu Eckhart: „Nun, du möchtest, daß ich dieses Boot nehme, dann gehe bitte mit und schau, daß ich auch einen Platz bekomme."

Als der Mann zurückkam, wurde mir gesagt, ich solle einfach ganz nach vorne vorfahren und mich durch niemanden aufhalten lassen. Es würden zwar noch andere Leute warten, aber ich solle direkt aufs Luftkissenboot fahren, was ich auch sogleich tat. Ich kam als letzte aufs Boot, mehr Platz war dort nicht. Nun, mir war zu dem Zeitpunkt nicht klar, was das ganze eigentlich sollte, war aber irgendwie davon überzeugt, daß es schon seine Richtigkeit habe.

Als ich dann später durch Frankreich fuhr, hörte ich im Radio, daß alle Flüge mit dem Luftkissenboot gecancelt wären. Das Luftkissenboot kann nämlich die Energie nur bis zu einer bestimmten Wellenhöhe aufrechterhalten. Ich war sehr dankbar für die Führung.

Wäre ich der Aufforderung, so schnell wie möglich nach Dover zu fahren und dort das nächste Boot zu nehmen, nicht gefolgt, hätte ich ein paar Tage unnütz in England festgesessen. Hieran sieht man erstens, daß die Geistige Welt einen viel größeren Überblick hat als wir, und zweitens, daß unsere Geistführer stets an unserem Wohl interessiert sind.

Ein anderer Fall ereignete sich in Südafrika. Ich besuchte dort einen Tierpark, den ich schon viele Male angesehen hatte. Am Ende dieses Großwildparks ist ein riesiges Löwengehege, in das man mit dem Auto auf der einen Seite herein und auf der anderen Seite wieder heraus fährt. Während ich so langsam durch den Tierpark fuhr und die Tiere beobachtete, hörte ich: „Die Löwen sind heute nervös, du würdest sie besser auslassen." Nun, ich hörte es, aber ich überhörte es gleichzeitig, weil ich mit anderen Dingen beschäftigt war.

Ich fuhr also in das Gehege hinein, und während ich noch vor dem Tor stand, las ich auf einem Schild:

„Wenn die Löwen Ihre Reifen attackieren, fahren Sie langsam vorwärts."

So ein Blödsinn, dachte ich, die Löwen liegen doch nur unter den Bäumen herum. Ich hatte mir nämlich bei meinen vorherigen Besuchen immer gewünscht, sie mögen doch mal aufstehen und umhergehen, damit ich sie besser filmen konnte. Ich stand also mit meinem Auto auf einem ganz schmalen Sandweg und beobachtete die Löwen. Eine Löwin kam ganz langsam auf mein Auto zu und stellte sich quer davor. Na ja, dachte ich, dann warte ich halt, bis sie wieder geht. Währenddessen hörte ich einen lauten Bums, und dann noch mehrere. Erschrocken drehte ich mich um und sah, wie sich drei Löwen an meinen hinteren Reifen zu schaffen machten. Ich war zu Tode erschrocken, wie ihr euch sicher denken könnt. Und da erst fiel mir die Warnung ein. Rechts und links vom Sandweg waren Grashügel, über die man nicht fahren konnte.

Ich rief also nach Hilfe, und da kam die ersehnte Stimme: „Wenn du jetzt genau das tust, was ich dir sage, bringe ich dich hier wieder raus."

Und so lotste Eckhart mich Zentimeter um Zentimeter über eine hüglige Grasnarbe wieder heraus aus dem Löwengehege. Obwohl ich seine Präsenz spürte und mir der Hilfe gewiß war, schlug mir das Herz doch bis zum Halse. Ich kam sicher auf der anderen Seite wieder heraus und entschuldigte mich zunächst für die überhörte Warnung und war sehr dankbar für die Hilfe der Geistigen Welt.

Am nächsten Tag kam ich durch einen anderen Park und sah unter einer großen Schirmakazie sechs prächtige Löwen liegen, aber ich startete durch mit meinem Auto, denn ich hatte den Schrecken des letzten Tages noch nicht vergessen. Nun meinte Eckhart: „Bist du nicht wegen der Löwen gekommen?"

„Doch" sagte ich, „aber wenn sie nun wieder über das Auto herfallen."

„Du kannst ruhig hinfahren und deine Fotos machen und auch filmen, diese Löwen sind ganz ruhig heute."

Nun, ich tat, wie mir geheißen, voller Vertrauen darauf, daß er wußte, wovon er sprach. Denn gerade an dieser Stelle waren kurze Zeit zuvor Chinesen von den Löwen getötet worden. Die Touristen waren ausgestiegen und hatten sich mit dem Rücken zu den Löwen gestellt, um ein Erinnerungsfoto zu machen. Dies ging damals durch alle Zeitungen. Als ich gerade meine Fotos machte, erhob sich ein prächtiger Löwe, und sofort war meine Angst wieder da.

Eckhart aber sagte: „Du kannst ganz ruhig sein, dieser Löwe geht nur in den Busch.“ Was er auch tat. So kam ich an diesem Tag zu wunderbaren Fotos. Wieder einmal spürte ich die helfende Hand meines Geistigen Freundes.

Auch wäre dieses Buch niemals geschrieben worden ohne den Auftrag der Geistigen Welt. Eines Tages wartete ich in einem Restaurant auf mein Essen, und ich schrieb auf einen Bierdeckel: Rückkehr ins Vaterhaus. „Was bedeutet das“, fragte ich Eckhart. „Dies ist der Titel eines Buches.“ „Ist mir nicht bekannt“, sagte ich. „Dieses ist der Titel deines ersten Buches, das du mit unserer Hilfe schreiben wirst.“ Ich erschrak zunächst, denn ich konnte es mir überhaupt nicht vorstellen, jemals ein Buch zu schreiben, und ich hatte niemals zuvor an so etwas gedacht. Die Engländer sagen oft: „With Spirit you can never know“. Du weißt nie, wo die Geistige Welt dich hinführt. Der Titel des Buches wurde von „Rückkehr ins Vaterhaus“ inzwischen in „Finde die Liebe in Dir“ geändert, damit alle Menschen verstehen, worum es geht.

Eines Tages sagte Eckhart zu mir: „Der Tag ist nun gekommen, wo wir uns mit einem Computer beschäftigen sollten.“ „Das kannst du gerne tun“, sagte ich, „für mich ist das nichts.“ Denn ein Computer war nun wirklich das letzte, was ich haben wollte. Aber Eckhart meinte, in Anbetracht des Buches wäre das doch sicher sehr hilfreich. Wie ihr euch sicher denken könnt, ließ ich mich dazu überreden. Ich kaufte also den PC und wurde belehrt, daß der Computer ohne Software nicht funktionieren werde. Ich selbst hatte keinerlei Ahnung. Nun, ich kaufte also Software. Und naiv, wie ich war, dachte ich, daß ich nun loslegen könnte. Doch weit gefehlt. Ich konnte den Computer nicht bedienen. Das machte mir ziemliche Probleme, wie ihr euch denken könnt. Aber Eckhart wußte Rat. Er sagte: „In das nächste Seminar kommt eine Dame, die dir zeigen wird, wie man einen Computer bedient. Sprich das Problem bitte an.“ Ich sah dem nächsten Seminar gespannt entgegen, und so war's, ich sprach über mein Problem. Eine Dame sagte:

„Das ist kein Problem, ich zeige es dir.“ So also kam ich geführt zu meinem Computer. Und ich möchte ihn heute nicht mehr missen, denn inzwischen publiziere ich doch sehr viel, und er ist mir eine enorme Hilfe. Hieran sieht man, wie weit voraus die Geistführer sehen können. Zum damaligen Zeitpunkt konnte ich in keiner Weise den Umfang meiner Lehrtätigkeit erkennen, obwohl mir schon damals in Südafrika durch David, Arthurs Geistführer, vorausgesagt wurde, daß ich im Fernsehen zu sehen sein und Seminare im In- und Ausland geben würde. Das hörte sich alles großartig an, aber ich hätte mir zum damaligen Zeitpunkt niemals vorstellen können, wie ich das jemals bewerkstelligen sollte. Mittlererweile ist aber alles eingetroffen, und meine Arbeit weitet sich mit Hilfe meiner Geistigen Freunde immer mehr aus. Auch meinen Fernsehauftritt hatte ich schon, und zwar, wie mir damals gesagt wurde, ohne mein Dazutun.

Es war in der Sendung: Gott und die Welt.

Unser Geistführer ist immer mit uns und jederzeit gerne bereit, uns zu helfen, wir brauchen ihn nur um Hilfe zu bitten.

Fast all meine Seminare sind so entstanden, meistens dann, wenn ich im Urlaub war und entspannt auf einer Liege in der Sonne lag, wurden mir die Seminare durchgegeben. Scheinbar ist mein Geist da sehr offen, weil dort keine großen Ansprüche durch die Praxis, die Gruppen, die Lebensberatung oder die Clearings an mich gestellt werden. Da kann ich mich einfach ganz mit dem göttlichen Willen vereinen.

Auch an die Clearings, die Befreiung eines Menschen von fremden Energien, hat mich die Geistige Welt herangeführt, ohne daß ich davon wußte. Denn wenn man mich groß gefragt hätte, ob ich diese Arbeit machen wollte, hätte ich es wahrscheinlich abgelehnt. Und doch ist es das größte, was ich jemals getan habe, weil es den Menschen und den Seelen hilft. Den Seelen, befreit zu werden und ins Licht gehen zu können, und den Menschen, frei zu werden, wieder sie selbst zu werden, ohne fremde Einflüsse. Wenn eine Seele stirbt, verläßt sie mit ihrem Geist- oder Seelenkörper, oder auch Ätherkörper genannt, den fleischlichen Körper und lebt in ihrem Geistkörper weiter. Normalerweise ist der Seelenkörper mit dem fleischlichen Körper verbunden. Im Schlaf gehen wir auch mit unserem Ätherkörper heraus in die Geistige Welt. Was wir dort tun, ist ganz unterschiedlich, manche Menschen werden dort belehrt, andere wiederum arbeiten nachts in der Geistigen Welt, oder wir werden einfach mit neuer Energie versorgt. Manche der verstorbenen Seelen wissen aber nicht, wo sie hingehören, nämlich ins Licht, und irren ziellos umher. Sie suchen sich dann einen neuen Körper, einen sogenannten Wirt, in dem sie weiterleben möchten. Daß sie nicht dorthin gehören, wissen manche Seelen nicht, andere wiederum sagen, daß sie nicht wissen, wohin sie gehören. Was eine Seele in einem sogenannten Wirt macht, ist ganz unterschiedlich.

Auf jeden Fall fügt sie dem Wirt Schaden zu, sei es, daß sie von seiner Energie zehrt oder aber dem Menschen, in dem sie jetzt wohnt, all ihre Probleme aufpfropft. Auch kommt die verstorbene Seele in ihrer eigenen Entwicklung nicht weiter, wenn sie in einem anderen Menschen wohnt, anstatt nach ihrem physischen Tod in die Lichtebenen zu gehen. Jede Seele hat in ihrem Ätherkörper all ihre Ängste und die Erinnerungen gespeichert. So ist es durchaus möglich, daß, wenn sich eine Seele, die bei einem Autounfall ums Leben kam, in einen Menschen hineinsetzt, dieser plötzlich extreme Angst vor dem Autofahren hat.

Doch davon an anderer Stelle mehr. Ich werde ein Buch über meine Erfahrungen als Clearingtherapeutin schreiben. Laßt mich hier einfach nur erzählen, wie es dazu kam.

Eines Tages hatte ich Besuch von meiner Freundin Gwenda Jones aus Wales, die auch Medium und Geistheilerin ist. Es ist dann so üblich, daß wir uns gegenseitig Botschaften aus der Geistigen Welt geben. So meditierten wir gemeinsam, und plötzlich sagte Gwenda: „Ich sehe ein großes ‘E‘ vor meinem Auge stehen, kannst du etwas damit anfangen?“

„Nein,“ sagte ich, „Vielleicht steht es für Eckhart.“ Und Gwenda sagte:

„Nein, Eckhart steht links neben dir. Das ‘E‘ steht für Elohim, die Elohime wollen mit dir arbeiten.“

Daraufhin sagte ich: „Oh, danke schön.“ Und vergaß das Ganze.

Einige Wochen später gab ich ein Chanelingseminar, und eine Teilnehmerin fragte mich, ob ich glaube, daß ihre Freundin besetzende Energien in sich habe. Ich antwortete, daß ich das nicht wüßte, aber gerne am Abend Eckhart fragen würde. Und das tat ich dann. Er bestätigte es, sagte mir aber auch, wer von den Teilnehmern noch Fremdenergien in sich trug, was mich gelinde gesagt, sehr erstaunte. Denn was sollte ich mit meinem Wissen anfangen.

Er beauftragte mich daraufhin, ein Clearing mit den Menschen zu machen. Unter seiner Führung und der Leitung von Jesus und der Hilfe der Elohime befreiten wir die Seelen, und auch die Menschen fühlten sich wie befreit. So begann meine Arbeit mit den Elohimen und meine Arbeit als Clearingtherapeutin. Ich wurde einfach von der Geistigen Welt dazu ausgebildet. Und heute habe ich viel Erfahrung, weil ich jederzeit Hilfe und Anweisung bekomme.

Ich werde an anderer Stelle ausführlicher darüber berichten.

Auch hieran sieht man, wie vielseitig die Hilfe der Geistigen Welt ist. Die Geistführer sind die Boten Gottes und handeln in seinem Namen und mit seiner Autorität.

Eines Tages sagte Eckhart: „Deine Batterie ist leer, tanke sie wieder auf und mache ein wenig Urlaub." Es stimmte, ich hatte mich total überfordert und war sehr erschöpft. Ich wollte also gerne für eine Woche nach Mallorca fliegen. Mehr Zeit stand mir nicht zur Verfügung, da ich ein großes Auswärtsseminar zu geben hatte.

So marschierte ich fröhlich zu meinem Reisebüro, in dem eine Patientin von mir arbeitet, und bat sie, mir einen Flug zu buchen. Alle Flüge waren ausgebucht. Sie versuchte es einige Tage und schaute immer wieder in den Computer, aber es blieb dabei, es war kein Flug zu bekommen. So ging ich ein letztes Mal dorthin, denn nun drängte die Zeit, aber es war kein Flug zu bekommen. Sollte ich mich verhört haben und nur meinen eigenen Wunsch nach Sonne und Erholung zum Ausdruck gebracht haben? Ich ging also wieder nach Hause und war ein wenig traurig. Das Reisebüro liegt gerade um die Ecke meiner Praxis, nicht mehr als ein paar Minuten entfernt. Ich wollte gerade meine Haustür aufschließen, da sagte Eckhart: „Gehe noch einmal zurück, der Flug ist jetzt im Computer."

Ich tat, wie ich angewiesen wurde, und meine Patientin lachte und sagte: „Hat Eckhart etwas gesagt?" Sie hat nämlich eine Freundin mit Kontakt zur Geistigen Welt. Es bestätigte sich, der Flug war im Computer, genau der eine Flug, den ich brauchte. So praktisch kann die Hilfe sein.

Aber nicht nur mir geht es so, sondern allen Menschen, die mit der Geistigen Welt kommunizieren. Die Geistführer können in der Akashachronik lesen. Die Akashachronik ist das sogenannte Weltgedächtnis. Das heißt, alles, was eine Seele je erlebt und gedacht hat, ist dort verzeichnet. Sie sehen uns auch nicht als Person, sondern als Energiewesen, das wir ja eigentlich auch sind. Sie können also unsere Energiemuster entsprechend beleuchten, um uns mit Rat zur Seite zu stehen. Kein Geistführer wird jemals sagen: „Du mußt dieses oder jenes tun." Nein, das wäre ein Eingriff in unseren freien Willen.

Auch ich entscheide alle Dinge allein. Die wichtigsten allerdings bespreche ich entweder mit Eckhart, mit Jesus oder auch mit meinem Hohen Selbst.

Dadurch hat sich in meinem Leben so vieles zum Positiven verändert. Dies heißt nun allerdings nicht, daß ich keine Erfahrungen mehr machen müßte. Die machen wir so lange, wie wir auf der Erde weilen, und die nimmt uns auch keiner ab, was auch nicht gut für uns wäre, denn wir haben uns diese Erfahrungen ja selbst gewählt, einzig und allein zu dem Zweck, um daran zu wachsen und uns weiterzuentwickeln.

Es gibt nichts, aber auch gar nichts, was wir mit unseren Geistführern nicht besprechen können. Machen wir uns immer wieder klar, daß die Geistführer unsere Freunde sind, die uns lieben und die uns in jeder Situation helfen möchten. Es gibt nichts auf dieser Welt, was es nicht auch im Geistigen Bereich gibt. Je mehr wir uns auf den Kontakt mit dem Geistführer einlassen, je mehr Vertrauen wir zu ihm entwickeln, desto erfolgreicher wird unsere Zusammenarbeit zum Wohle aller werden.

In England sind viele Menschen seit vielen, vielen Jahren daran gewöhnt, mit ihren Geistführern in Kontakt zu sein, sie werden dort vielmehr als bei uns ins tägliche Leben einbezogen.

Ich saß einmal in einem schönen Gartenrestaurant und wollte gerade ein Glas Weißwein trinken, als Eckhart sagte: „Zum Wohl." Ich hatte vergessen, auf sein Wohl zu trinken, was ich oftmals tue. Nun, hieran sieht man, wieviel Humor die Geistige Welt hat, nur wir Menschen nehmen alles so tierisch ernst. Jeder, der Eckhart kennt, von den Lebensberatungen oder vom chaneling, weiß, wieviel Humor und wieviel Liebe und Verständnis er für uns Menschen hat, und wir haben schon viele Male herzlich gelacht.

Ich weiß, ich kann mich auf meine geistige Führung jederzeit verlassen, und ich möchte euch ermutigen, diesen Kontakt zur Geistigen Welt aufzunehmen. Vieles in eurem Leben wird leichter sein. Ihr werdet mehr Freude haben und mehr Liebe erleben. Der Geistführer wird euch hinführen zu eurer göttlichen Quelle, zu eurem Christusbewußtsein.

Jesus:

„Wir möchten heute über das Thema Arbeit mit euch sprechen. Ihr seid oft ausgelaugt und müde von eurer Arbeit und seid dann häufig kaum noch in der Lage, eure Freizeit recht zu genießen.

Nun laßt uns einmal schauen, woran das liegt. An euren Arbeitsplätzen wird zuviel Energie verschwendet durch Machtkämpfe untereinander und durch Konkurrenzdenken. Auch plagen euch oft unbewußte Ängste, daß ihr eure Arbeit verlieren könntet.

Wenn ihr aber lernt, jeden Morgen euren Arbeitsplatz in Liebe einzuhüllen, genauso wie eure Kollegen und Vorgesetzten, so werdet ihr merken, wie sich die Atmosphäre augenblicklich entspannt und ihr wieder ruhig und mit Freude arbeiten könnt und eure Energien bei euch bleiben. Hüllt euch jeden Morgen in einen Lichtschutzmantel ein. Sollte zwischendurch Ärger in euch auftreten, so müßt ihr den Lichtschutzmantel wieder erneuern, weil er bei jedem Ärger zusammenbricht.

Überprüft auch einmal, ob ihr noch Freude an eurem Beruf habt und eure Arbeit noch gerne und mit Liebe tut. Sollte dies nicht der Fall sein, so fragt nach dem Grund. Jede Arbeit, und sei sie noch so gering, sollte mit Freude und Liebe getan werden.

Manchmal habt ihr einen Beruf gewählt, weil eure Eltern es so wollten. Forscht einmal nach, ob er eurer Berufung entspricht.

Wenn nicht, so werdet euch darüber klar, was ihr wirklich mit Freude tun möchtet. Oder nehmt den Lernprozess an und erfüllt auch den ungeliebten Beruf mit Freude.

Bittet Gott um Hilfe, euch zu zeigen, welches der richtige Weg für euch ist. Auch eure Geistführer stehen euch dabei mit Rat gerne zur Seite.

Ich sagte euch schon einmal, wie wichtig es ist, alles mit Liebe und Freude zu tun. Wenn ihr wirklich Freude an eurer Arbeit habt, egal, um welche Arbeit es sich dabei handelt, werdet ihr auch genügend Energie zur Verfügung haben. Seid ihr müde, so ladet euch mit Licht wieder auf.

Wir, im geistigen Reich, arbeiten auch, aber ohne zu ermüden. Auch ihr seid Geist, und es ist an euch, euer Leben in ein geistiges zu wandeln.

Ihr habt die Wahl, wie ihr mit euren Energien umgehen möchtet. Nutzt die Chance und macht euer Leben zu einem Leben voller Energie und Freude.

Amen."

Jesus:

„Liebe Brüder und Schwestern,

heute möchte ich euch bitten, daß ihr einmal nachdenkt über das Wort Frieden. Wie kann es Frieden sein in der Welt, wenn es in euren Herzen nicht friedlich ist. Ihr werdet von Ängsten geplagt, und da, wo die Angst ist, hat die Liebe keinen Platz.

Darum bitte ich euch, öffnet eure Herzen der Liebe, denn in euch wohnt die Liebe. In jedem von euch wohnt der Christus, welcher ist die reine Liebe. Und es ist dieser Christus, der in euch allen geboren werden muß.

Wie oft fragt ihr Menschen, wo ist Gott? Und doch braucht ihr ihn nicht außerhalb von euch zu suchen, er ist ja in euch. In euch ist Gott, und ihr seid eins mit Gott und mit dem ganzem Universum durch diesen göttlichen Aspekt. Aber auch in eurem Bruder wohnt Gott. Darum respektiert den Bruder und gebt ihm eure Liebe. Und mental, ihr Lieben, kann das jeder tun. Aber vor allem, fangt bei euch selber an. Beginnt euch zu lieben. Werdet eins mit dem Christusaspekt in euch.

Ihr sucht immer im Außen nach eurem Glück, und doch findet ihr das wahre Glück, die wahre Glückseligkeit, nur in euch selbst, in eurer eigenen göttlichen Quelle, aus der ihr alle Weisheit, alle Kraft und alle Liebe schöpfen könnt. Und somit werdet ihr unabhängig von dem, was andere sagen oder tun. Denn ihr ruht in euch, in eurer göttlichen Quelle. Darum bitten wir euch, macht euch auf, diese göttliche Quelle in euch zu finden.

Aber Gott spricht zu euch nur in der Stille eures minds. Darum ist es so unendlich wichtig, in die Stille zu gehen und euer Bewußtsein leer zu machen von den sich übersprudelnden Gedanken und in euch hineinzuhorchen. Verbindet euch bewußt mit Gott und werdet euch des vollkommenen Einsseins bewußt. Und aus diesem Einssein könnt ihr alle Dinge tun.

Begrenzt euch nicht selbst. Ihr seid Mitschöpfer, denn ihr seid göttlich. Wie oft sagt ihr Menschen, ich kann dies nicht, ich kann jenes nicht oder ich bin nicht würdig, dieses oder jenes zu tun. Ist Gott in euch nicht würdig? Denkt einmal darüber nach, wenn ihr euch klein macht oder euch unwürdig fühlt, was tut ihr dem Gott in euch an?

Ihr Lieben, Gott ist absolut vollkommen. Gott ist die Wahrheit, Gott ist die Liebe, Gott ist alles, was vollkommen ist. Gott ist überall anwesend. Ohne Gott, ohne die alles aktivierende Energie des Universums kann nichts existieren.

Darum sage ich euch: Wir möchten euch helfen, wir möchten euer Bewußtsein inspirieren, den Weg nach innen anzutreten.

Darum sind wir auch so froh über jeden Menschen, der mit seiner eigenen, inneren Quelle in Verbindung kommt. Wenn jeder Mensch das tun würde, und jeder in seinem Herzen den Frieden und das Glück finden würde, so gäbe es keine Kriege mehr. Kriege entstehen immer im negativen Denken der Menschen.

Ihr Lieben, Gedanken sind Kräfte, sind Mächte, die ins Universum ausgehen, wie Radiowellen, und die dort etwas bewirken, und zwar kraftvoll bewirken. Wenn ihr wüßtet, was ihr euch und anderen durch euer negatives Denken antut, ihr würdet augenblicklich damit aufhören.

Wir werden oft gefragt, wie kann ich meiner negativen Gedanken Herr werden. Ihr Lieben, unterdrücken ist nicht das richtige Mittel, aber transformieren. Anderen nicht mehr haßvolle Gedanken senden, sondern liebevolle. Denn jeder, der euch verletzt, braucht euer Mitgefühl und eure Liebe. Er verletzt sich in Wirklichkeit selbst, denn euer göttliches Selbst kann niemand verletzen. Und wenn der andere mit euch böse ist, so verletzt euch das nicht, und eure Aura verdunkelt es auch nicht. Aber es verdunkelt eure Aura, wenn ihr darauf böse oder haßvoll reagiert.

Nur ihr seid für euer Leben verantwortlich, für die Gedanken in eurem Bewußtsein, für eure Worte und eure Taten. Tadelt nicht immer die anderen und sucht nicht im Außen die Schuld für euer vermeintliches Unglück. Alles, was euch begegnet, habt ihr selbst in euer Leben eingeladen, und ihr braucht es, um daran zu wachsen und eure Erfahrungen zu machen.

Ihr könnt spirituell wachsen durch Erkenntnis und durch Leiden, nur das Durch-Erkenntnis-Wachsen ist weniger schmerzhaft.

Aber es ist eure Entscheidung, euer freier Wille, und dieser freie Wille ist euer größtes Gottesgeschenk. So ergreift die Chance eures freien Willens, um euch, und damit das Universum, zu verändern. Werdet zu Lichtboten und Lichtträgern, damit es heller werde in der Welt.

Jeder von euch hat eine ganz bestimmte Aufgabe im Plan des Universums, die ihr, und nur ihr, erfüllen könnt. Darum bitte ich euch, geht zu eurer göttlichen Quelle, damit ihr die Aufgabe erfahren könnt. Sicher werden viele Tests und Prüfungen auf euren Wegen liegen. Ihr werdet glücklich und froh sein, wenn ihr einen Test bestanden habt.

Bei manchen Tests werdet ihr auch versagen, aber das macht nichts. Macht es das nächste Mal besser, aber fallt um Himmels Willen nicht in Schuldgefühle, sondern macht euch bewußt, daß es nicht richtig war, und dann laßt es einfach los.

Achtet auch auf euren Körper, denn der Körper ist der Tempel des Geistes. Haltet ihn rein von Gift- und Schadstoffen, damit er euch jederzeit zur Verfügung steht. Auch Krankheiten können Gelegenheiten zum Wachstum sein, denkt einmal darüber nach.

Ein Mensch, der seelisch, geistig und körperlich im Gleichklang schwingt, der wird auch nicht mehr krank. Das heißt, wenn ihr nur licht- und liebevolle Gedanken habt, so ist die Krankheit einfach überflüssig. Und behandelt den Körper mit Respekt und nörgelt nicht an ihm herum, denn jede eurer Zellen hat ein eigenes göttliches Bewußtsein und ist Träger der göttlichen Energie. Und diesen Zellen könnt ihr sagen: Ich bin göttlich. Denn das seid ihr doch. Warum nur begrenzt ihr euch immer wieder selbst.

Wir wissen, daß das nicht einfach ist, und wir möchten euch mit viel Liebe und Geduld helfen, zu diesen lichten Ebenen hier zu gelangen, damit wir dereinst alle in diesen lichtvollen Ebenen miteinander wohnen können. Und darum macht euch auf. Ich gebe allen Wesen im Universum meine Liebe. Laßt es zum Ziel eures Lebens werden, in die absolute Einheit mit Gott zurückzukommen.

Friede sei mit euch.

Amen.“

Jesus:

„Liebe Brüder und Schwestern, ich grüße euch und segne euch, mit dem Segen des Himmels, mit dem Segen des Allmächtigen, der eins mit uns allen ist.

Ich möchte Euch die Botschaft des Friedens bringen, die Botschaft des wahren Friedens. Diese Botschaft könnt ihr nur in eurem eigenen Herzen empfangen und leben.

Wir hier leben in lichten Ebenen, und hier herrscht nur Frieden und Liebe. Und es ist so wunderschön hier, daß Worte es kaum zu beschreiben vermögen. Und wir alle hier sind beseelt von dem Wunsch, euch zu helfen, ein spirituelles Heim wie dieses hier zu bauen. Und das ihr Lieben, könnt ihr nur, indem ihr euer Leben wandelt. Achtet auf eure Gedanken und kontrolliert eure Emotionen. Achtet auf eure Worte, die ihr zu und vor allem über euren Bruder sprecht. Und eure Taten werden automatisch folgen.

Ich sage euch, richtet und verurteilt die anderen nicht, sondern versucht, sie zu verstehen. Euer Ego versucht sich aufzuwerten, indem es den Bruder abwertet. Ich aber sage euch, gebt allem eure Liebe, der Natur, den Tieren und vor allem der Mutter Erde, die so gefährdet ist, den Bäumen, die so krank sind, den Menschen, die Not leiden, die leiden im Bewußtsein, weil sie sich abgetrennt haben von ihrer wahren göttlichen Quelle. Helft ihnen zurückzufinden, wie wir es auch tun. Helft ihnen, zurückzufinden zum wahren göttlichen Ich. Und dieses göttliche Ich trägt ein jeder von euch in sich, denn ihr seid ein Teil Gottes, eins mit Gott dem Allmächtigen, welcher ist das Universum. Ihr seid eins mit uns, weil wir alle verbunden sind durch das Band der Liebe.

Und diese Liebe möchten wir euch geben, wir, die wir über eurem spirituellen Wachstum wachen. Wir versuchen, euch zu erreichen, und sehr oft mühen wir uns vergebens. Es gibt so viel Haß, Eifersucht, Neid, Ärger und Zwietracht auf eurem Planeten. Es herrscht Zorn in den Familien, Ärger zwischen den Partnern, Ärger im Beruf, und wo immer Menschen einander begegnen, sind sie aggressiv, und jeder versucht, für sich das Beste herauszuholen.

Es ist Zeit, Ihr Lieben, daß ihr aufwacht und eure Gedanken ändert. Wie könnt ihr das nun tun? Indem ihr versucht, nur liebevolle und konstruktive Gedanken zu haben. Kümmert euch nicht um das, was andere tun, denn niemand kann für euch oder den anderen denken oder handeln. Darum seid ihr, ihr ganz allein für euer Leben verantwortlich und für das, was ihr erlebt.

Ihr kennt sicher das Gesetz von Ursache und Wirkung, das sogenannte Karmagesetz. Und jeder eurer Gedanken und jede Tat, jedes Wort, das ihr sprecht, untersteht dem Karmagesetz. Und die karmischen Engel zeichnen alles auf, und es wird in der Akashachronik registriert. Wie oft habt ihr negative Gedanken, und ihr wundert euch dann, wenn sie in eurem Leben Wirkung zeigen.

Achtet auch den Entwicklungsweg eures Bruders. Ihr seid nicht alle auf der gleichen Entwicklungsstufe, und jede Seele muß ihre Entwicklung in der ihr gemäßen Zeit machen.

Wisset, daß ihr in eurem Inneren, in eurer eigenen göttlichen Quelle, alles Wissen, alle Weisheit und alle Kraft habt. Versucht zu dieser eurer eigenen göttlichen Quelle zu gelangen. Geht in die Stille, meine Brüder und Schwestern, und horcht in euch hinein. Denn Gott spricht nur in der Stille eures Bewußtseins zu euch.

Das kann überall dort geschehen, wo ihr in eurer Mitte ruht und in eurem Bewußtsein still seid. Und es wird die Zeit einst kommen, wo ihr darauf angewiesen seid, mit dieser eurer inneren Quelle, mit Gott dem Allmächtigen, Verbindung zu haben, so daß er euch führen und leiten kann.

Wenn ihr es aber nicht gewohnt seid, mit ihm zu kommunizieren, so wird es euch in extremen Situationen nicht gelingen. Darum bitte ich euch, geht in die Stille. Verzichtet einmal auf die laute Außenwelt, auf das Fernsehen und alle möglichen anderen Zerstreuungen und setzt euch ruhig hin, um zu meditieren, um zu hören, was Gott von euch möchte. Denn wie könnt ihr seinen Willen tun, wenn ihr nicht in der Lage seid, ihn zu hören. Nur so kann das „Herr, dein Wille geschehe" auch wirklich umgesetzt werden. Dazu aber müßt ihr den Willen Gottes zuerst einmal kennen.

Das wichtigste aber ist die Liebe zueinander. Lieben heißt aber auch, den anderen so sein zu lassen, wie er ist. Es ist nicht eure Aufgabe, euren Bruder zu verändern, sondern ihn lediglich in seinem ganzen Sein zu akzeptieren. Jeder hat einen anderen Entwicklungspfad hinter sich, und es gibt keine zwei Seelen, die genau den gleichen Entwicklungsstand haben.

Was ihr jetzt auf der Erde tun könnt, ist, euch ein lichtes Heim in der Geistigen Welt zu bauen. Denn nach eurem Übergang in die Geistige Welt werdet ihr so leben, wie es euer Auralicht zuläßt.

All eure Gedanken, all eure Taten reflektieren sich in eurem Auralicht. Ihr werdet dann später mit den Seelen zusammenleben, die in den gleichen Lichtebenen sind. Je höher eine Seele steigt, desto lichter wird die Ebene, in der sie sein darf. Und wenn ihr dann einst in den höchsten Ebenen seid und seht all das Elend auf der Erde, so werdet ihr wieder kommen wollen, um euren Brüdern und Schwestern zu helfen, auch aufzusteigen und mit uns in den höchsten Lichtebenen zu wohnen.

Jeder von euch trägt die Verantwortung für seine Entwicklung und ist mitverantwortlich für die Gesamtentwicklung. Verbreitet das Licht und die Liebe unter den Menschen.

Friede sei mit Euch.

Ich grüße euch allzeit mit diesem Gruß, weil es so unendlich wichtig für euch ist, in den inneren Frieden zu kommen. Ihr rennt so vielen äußeren Aktivitäten nach, anstatt euch nach innen zu wenden. In euch ist alle Weisheit des Universums. Da ihr alle eins seid mit dem Vater, habt ihr auch all seine Weisheit in euch, das Wissen seines Geistes. Aber nur indem ihr euch in der Meditation übt und regelmäßig in die Stille geht, seid ihr in der Lage, an dieses Wissen auch heranzukommen.

Wenn ihr Probleme habt, so fragt ihr gewöhnlich euch nahestehende Menschen um Rat. Die wahre Lösung eures Problems liegt aber bereits in euch. So wendet euch an eure göttliche Quelle, an euer Hohes Selbst, und bittet um Rat. Und wenn ihr ganz still werdet, so kann jeder von euch die Antwort auch hören. Natürlich bedarf es der Übung und Geduld.

Geduld ist für euch alle eine wichtige Lernaufgabe. Gerade, wenn es um spirituelle Dinge geht, sind die meisten Menschen viel zu ungeduldig. Der spirituelle Weg eines Menschen aber erfordert Geduld und Kontinuität.

Wenn euch etwas nicht gleich gelingt, so werft ihr die Flinte ins Korn und gebt es meist vorschnell wieder auf.

Wer aber geduldig seinen Weg, Schritt für Schritt, geht, dem steht das Universum offen. Darum suchet die Stille, meine Brüder und Schwestern auf der Erde.

Aber vergeßt bei aller spirituellen Arbeit nicht, daß es für euch wichtig ist, eure Wurzeln tief in der Erde zu verankern. Viele Menschen, die sich auf den Weg gemacht haben, und wir sehen es mit

Sorge, vergessen, daß sie auf der Erde leben und verlieren den Boden unter den Füßen.

Geht einmal in die Natur und schaut euch den größten Baum an, den ihr finden könnt. Seht euch seine große Krone an, und dann schaut, wie er seine Wurzeln tief und breit in der Erde verankert hat. So sollte es auch mit euch sein.

Viele von euch versuchen, ihre Freunde oder Lebenspartner mit auf den spirituellen Weg zu nehmen, den sie für sich erkannt haben. Oftmals werdet ihr dann enttäuscht, weil der Partner oder Freund euch nicht folgen kann. Bedenkt, meine Lieben, daß jede Seele ihren Entwicklungsweg in der ihr gemäßen Zeit gehen muß. Ein Weg, der für eine Seele gut ist, kann für eine andere Seele noch zu früh oder zu schwer sein. Jeder von euch bringt ein anderes Entwicklungspotential mit in dieses Leben.

Der einzige Weg aber, auf dem ihr etwas verändern könnt, ist durch euer Beispiel. Wenn ihr das Licht und die Liebe, die in euch sind, ins Außen ausstrahlt, werden eure Brüder und Schwestern aufmerksam werden, und sie werden wissen wollen, woher dieses Strahlen kommt.

Dann könnt ihr ihnen von der Liebe, die in jedem Menschen, in jeder Seele im Universum ist, erzählen. Es ist die Liebe allein, die zählt in eurer Entwicklung. Je mehr ihr in der Lage seid zu lieben, desto schneller werdet ihr schwingen, desto mehr werdet ihr wahrnehmen von den unsichtbaren Welten.

Mein Bestreben ist es, euch immer und zu allen Zeiten zu helfen. Der Friede Gottes, der in euch ist, kann euch von niemandem genommen werden, es sei denn, ihr möchtet es.

Achtet stets darauf, daß ihr im Frieden seid, bevor ihr handelt.

So öffnet euch der Liebe in euch, die euer natürliches Erbe ist. Erinnert euch daran, daß ihr Gottes geliebte Kinder seid, immer und zu allen Zeiten.

Amen.“

Ihr Lieben, Jesus ist immer bereit, uns zu helfen, und er spricht zu den Menschen, zu jedem Menschen, der es wirklich möchte. Wir müssen nur verstehen, daß er unser geliebter Bruder ist, der uns helfen möchte, auch auf die höchsten Lichtebenen zu gelangen. Er ist nicht fern von uns, sondern jederzeit ganz nah, wenn wir ihn rufen.

In meiner Meditationsgruppe hat jeder Kontakt zu ihm, und er hilft uns auf so wunderbare und sanfte Weise weiterzukommen auf unserem Weg zum Licht.

Wir müssen lernen, uns zu erinnern, daß wir das Licht der Welt sind und daß wir eins sind mit dem Licht, und der Liebe, jeder einzelne von uns. Nun mag mancher vielleicht glauben, er könne nichts tun. Und doch ist es so, daß wir alle ständig das Weltbewußtsein, das kollektiv ist, anheben oder herunterdrücken, allein durch unsere Gedanken.

Darum ist es auch so wichtig, daß wir unsere Gedanken kontrollieren. Denn alles entspringt im Gedanken, alles! Beginnen wir gleich heute damit, auf unsere Gedanken zu achten. Bedenkt, daß jeder Gedanke ins Universum hinausgeht und dort etwas so Kraftvolles bewirkt. Unsere Gedanken sind unsere Wirklichkeit.

Denkt einmal einen Augenblick über euer Leben nach. In wie viele Katastrophen habt ihr euch schon hineingedacht. Wie viele unnütze Sorgen haben wir uns schon in unserem Leben gemacht. Wenn wir diese Energien nehmen würden und unser Leben so gestalten würden, wie wir es gerne haben möchten, um wieviel schöner würde unser Leben aussehen.

Ich selbst habe mir früher auch um viele Dinge Sorgen gemacht. Auch heute kann es, wenn auch viel seltener, noch vorkommen, daß ich mir um zukünftige Dinge Sorgen mache. Sobald ich es aber merke, gebe ich die Situation, die ich ja meistens noch gar nicht überblicken kann, an Gott ab, und augenblicklich kehrt in meine Seele wieder Frieden ein.Wir müssen nicht alles allein erledigen, sondern können uns der Hilfe Gottes und der Hilfe der Geistigen Welt zu jeder Zeit gewiß sein.

Wenn wir es wirklich schaffen, voll im Hier und Jetzt zu leben, brauchen wir uns auch keine Sorgen zu machen, denn der gegenwärtige Augenblick ist immer vollkommen.

Es ist der Friede Gottes, der höher ist als alle Vernunft und den wir im Grunde alle anstreben, ob wir uns dessen bewußt sind oder nicht. Diesen Frieden kann uns niemand nehmen, es sei denn, wir möchten es. Seien wir glücklich darüber, daß wir die Wahl haben, was wir erleben möchten, entweder Liebe oder Angst.

Angst ist eine Illusion, denn sie bleibt immer innerhalb des Egosystems, und das ist eine Illusion. Obwohl wir, wenn wir in der Angst sind, diese als durchaus sehr real empfinden werden. Das wahre, unwandelbare Sein aber liegt dahinter.

Je mehr wir unser Vertrauen entwickeln, desto seltener wird die Angst, und wenn sie doch auftritt, kommen wir schneller wieder heraus und hinein in den Frieden.

Und dieser Friede Gottes leuchtet dann aus unserem Herzen in die Welt hinein. Es ist ein heiliger Friede, welcher der Welt den Frieden bringen wird. Dieser Friede in deinem Bewußtsein erinnert deine Brüder und Schwestern daran, daß sie auch Frieden haben können.

Es ist so wichtig, immer öfter still zu werden, nach innen zu gehen und diesen Frieden in sich zu fühlen. Spüren wir auch die Liebe in uns, wie sie sich immer mehr ausbreitet und unseren Alltag erhellt. Durch unsere Entwicklung ziehen wir immer mehr Menschen und Situationen in unser Leben, die voller Licht und Liebe sind.

Vor allem aber laßt uns die Freude leben. Beobachtet einmal kleine Kinder, wie sie die Freude ausdrücken. Sie sind voll im Hier und Jetzt und legen sich keinerlei Begrenzungen auf, sondern sind ganz im Gefühl der Freude.

Jesus sagte einst: „Solange ihr nicht werdet wie die Kinder, werdet ihr nicht ins Himmelreich gelangen."

Was meinte er wohl damit? Solange wir nicht in der Lage sind, Liebe und Freude zu leben und auszudrücken, solange werden wir nicht ins Himmelreich gelangen. Es ist auch ein ganz wichtiger Lernprozess für viele von uns, um Hilfe zu bitten. Der Himmel ist hier, jetzt, in uns, es ist unser Bewußtseinszustand.

Wir haben so viele Begrenzungsmauern um uns, um die Liebe und Freude gelegt, daß wir fast nicht mehr wissen, wie sich dieses Gefühl überhaupt anfühlt.

So müssen wir uns aus unserem Gefängnis, in das wir uns selber eingesperrt haben, wieder befreien. Ich versichere euch, es lohnt sich wirklich, jetzt gleich damit anzufangen. Schieben wir es nicht auf. Vor allem aber, lassen wir die Liebe Gottes in uns zu! Sie heißt uns alle Zeit willkommen.

Wir sind so daran gewöhnt, in Angst und Schmerz zu leben, daß es einiger Übung bedarf, um wieder in die Liebe und in die Freude zu kommen.

Zunächst müssen wir unsere Bereitschaft dazu kundtun und um Hilfe bitten, und wir werden merken, daß diese Hilfe immer kommt. Zunächst einmal müssen wir lernen, uns so anzunehmen, wie wir jetzt gerade sind.

Bitten wir Gott darum, die Dinge anders sehen zu lernen, bitten wir darum, von unserer Angstwahrnehmung wegzukommen, in die Wahrnehmung der Liebe.

Vor allem aber laßt die Vergangenheit los, sie ist vorbei und kann heute ohnehin nicht mehr gelebt werden. Lernen wir voll in der Gegenwart zu leben, denn in ihr bauen wir unsere Zukunft.

Glaubt mir, es ist eine unendliche Befreiung, wenn wir die Vergangenheit losgelassen haben.

Vergeben wir allen, die uns in der Vergangenheit scheinbar etwas angetan haben. Niemand tut uns irgend etwas an, sondern wir wählen es, mit einem bestimmten Menschen Lernprozesse zu machen. Jeder Mensch bietet uns Lernprozesse, und wir wählen, ob wir diesen Lernprozess jetzt oder später machen wollen. Wir vergeben also das, was wir in eine Sache hineininterpretiert haben. Und diese Interpretation vergeben wir uns. Und somit sind wir frei davon.

Legen wir unsere Zukunft in Gottes Hände. Er geht den Weg immer mit uns, weil er in uns ist. Und von dieser Ebene der Liebe und Freude bauen wir uns eine strahlende Zukunftsvision. Denken wir daran, wir setzen die Ursache und warten, wenn auch unbewußt, auf die Wirkung.

In Wahrheit gibt es niemanden, der uns verletzen kann, außer wir uns selbst. Nur durch unsere Verurteilung werden wir verletzt. Die Vergebung macht uns frei für eine strahlende Zukunft.

Wir sind nicht auf der Welt, um unseren Bruder zu verändern, sondern ihn lediglich zu akzeptieren, wie er ist.

Und dies, ihr Lieben, ist wohl eine der schwersten Übungen überhaupt. Wie oft versuchen wir, unsere Lieben zu verändern. Es ist so wichtig für uns, daß wir auch im Bruder das Göttliche erkennen. In Indien sagen die Menschen nicht Guten Tag, sondern: „Ich grüße den Gott in dir.“ Oder: „Ich bringe meinen Gott zu deinem Gott.“

Um den Gott im anderen zu sehen, müssen wir ihn aber zunächst einmal in uns selbst anerkennen. Versuche einmal, den Christus in jedem Menschen zu sehen, und du wirst erfahren, wie sich deine Beziehungen verändern.

Auch sollten wir erkennen, daß jede Seele ein anderes Entwicklungspotential in dieses Leben mitbringt und ihre Entwicklung in der ihr gemäßen Zeit machen muß. So haben wir Geduld mit uns und anderen, wie auch Gott mit uns Geduld hat.

Vor allem verurteilen wir uns nicht für unsere vermeintlichen Fehler. Alles, was uns widerfährt, ist wichtig für unsere Entwicklung. Außerdem sind Fehler korrigierbar. Wir müssen lernen, uns auch mit unseren Fehlern zu lieben.

Wir müssen vor allem wissen, daß unsere vermeintlichen Fehler gar keine Fehler sind, sondern Wachstumsprozesse, die wir alle durchmachen müssen auf unserem Gesamtevolutionsweg. Jeder unserer Fehler bringt uns ein Stück näher zu Gott, wenn wir das richtige Fazit daraus ziehen. Auch jede Krise ist notwendig und von uns selbst gewählt, damit wir daran wachsen, damit wir mehr und mehr in der Lage sind zu lieben.

Achtet auch auf eure Gedanken, den alles entspringt im Gedanken, aber auch wirklich alles. Ihr könnt euren Arm nicht heben, ohne es vorher gedacht zu haben.

Wir haben zu jeder Zeit die Wahl, zu denken, was wir möchten. Wir alle kennen das Wort: „Du bist, was du denkst." Da Gedanken mächtige Kräfte sind, sind sie auch gleichzeitig die Ursache für das, was wir erleben, entweder jetzt oder später.

Alles im Universum ist Ursache und Wirkung. Das ist ein kosmisches Gesetz. Das heißt, wir setzen eine Ursache, und irgendwann, oftmals erst Jahre später, setzt die Wirkung ein, und dann wundern wir uns. Wenn bei uns eingebrochen wird, so haben wir irgendwann einmal die Ursache hierfür gesetzt, und es nützt nichts, sich über die angebliche Ungerechtigkeit des Schicksals zu beklagen. Wir müssen lernen, für unsere Gedanken und für unsere Handlungen die Verantwortung zu übernehmen.

TOD UND WIEDERGEBURT

Als vor über 20 Jahren mein Freund starb, begann ich, mich intensiv damit zu beschäftigen, was nach unserem physischen Tod mit uns geschieht. Daß der Tod nicht das Ende ist, war mir immer schon klar, aber ich wußte nicht, wie und wo wir weiterleben werden. Schon als Kind fragte ich oft, wo denn unsere Seele hingeht, wenn wir sterben. Die einzige Antwort, die ich immer wieder bekam, war, unsere Seele ist dann bei Gott. Aber wo ist das, pflegte ich dann zu fragen, und die Antwort war: „Im Himmel."

Nun, ich begann also, alles, was es damals schon an Literatur gab, zu lesen. Und je mehr ich über das Weiterleben nach dem Tod nachdachte und las, desto klarer wurde es für mich. Viele von euch haben sicher die Bücher von Elisabeth Kübler-Roß und von Dr. Moody gelesen. Heute kann man sich darüber auch viel besser kundig machen, als dies vor 20 Jahren möglich war.

Durch meine zahlreichen Reisen nach England kam ich dann auch mit Medien zusammen, die Kontakte mit Verstorbenen herstellen konnten. Kurz nachdem meine Mutter gestorben war, kam sie über ein englisches Medium zu mir und bedankte sich, daß ich ihr so sehr geholfen hatte, herüberzugehen. Meine Mutter ist über viele Wochen lang, unter unsäglichen Schmerzen, an Lungenkrebs gestorben. Viele Tage und Nächte habe ich an ihrem Bett gesessen und habe ihr, obwohl sie im Koma lag, vom Weiterleben nach dem Tode erzählt. Sie selbst hatte sich leider nie damit beschäftigen wollen, als sie noch lebte. Und doch hat sie mir damals durch ihr so langsames Sterben Zeichen gesetzt, daß das, was ich alles schon gelesen und für mich angenommen hatte, den Tatsachen entsprach. Sie sprach, obwohl sie im Koma lag und nicht einmal wußte, wer ich war, doch von einem langen Tunnel, an dessen Ende sie das Licht sehen konnte. Sie konnte auch ihren Vater und ihre Mutter sehen, die sie abholen wollten. Auch fragte sie mich, ob ich ihr eine Schere geben könne, sie wolle das Band durchschneiden. Sie meinte damit die sogenannte Silberschnur, die den fleischlichen Körper mit dem Ätherkörper verbindet und die beim Tode reißt.

So wurde das Weiterleben nach dem Tode für mich immer mehr zur Gewißheit, und heute ist es zum Wissen geworden.

Auch gibt es heute schon großartige Filme, die dies verdeutlichen, z.B. „Das Geisterhaus“ oder „Ghost Nachricht von Sam“, um nur einige zu nennen.

Die größte all unserer Ängste ist die Angst vor dem Tod. Wenn wir diese Angst überwunden haben, sind all unsere anderen Ängste überflüssig geworden.

Der Tod ist eigentlich das Tor zum Leben! Wir gehen nur von einer Schwingungsebene auf eine andere. So, als würden wir von einem Raum in den nächsten gehen.

Wenn wir unseren fleischlichen Körper verlassen, leben wir in unserem Ätherkörper weiter. Solange wir als Mensch auf dieser Erde weilen, ist unser Ätherkörper mit unserem fleischlichen Körper verbunden. Jede Nacht, wenn wir schlafen, trennt sich der Ätherkörper vom Körper, um in der geistigen Ebene zu sein. Die beiden Körper sind durch die Silberschnur verbunden. Die Silberschnur ist ein energetisches Band, das den Ätherkörper mit dem fleischlichen Körper verbindet.

Genau das gleiche geschieht auch bei unserem physischen Tod, der Ätherkörper verläßt den fleischlichen Körper, um auf der geistigen Ebene weiterzuleben, und zwar viel lebendiger, als der physische Körper es je sein wird. Bei unserem Tod reißt die Silberschnur.

So ist der Tod eigentlich ein Geburtskanal ins wirkliche Leben. Viele Menschen haben auch Angst, daß sie, wenn sie sterben, zu einem großen Strafgericht geführt werden. Jahrtausende ist uns dies von den Kirchen gelehrt worden und es hängt tief in unserem Unterbewußtsein fest. Darum können manche Menschen im Sterben oft so schwer loslassen, weil sie einfach Angst vor Gott haben. Gott, ihr Lieben, ist aber reine Liebe. Gott liebt uns immer gleich, egal wer wir sind und was wir getan haben.

Wenn nun eine Seele hinübergeht ins geistige Reich, wird sie von Engeln und Lichtboten liebevoll in Empfang genommen und betreut.

Keine Seele muß den Weg allein gehen. Oft holen uns auch unsere Lieben ab, die uns schon vorausgegangen sind ins geistige Reich, so daß wir uns dort drüben sogleich zu Hause fühlen können.

Wir bekommen dann unseren Lebensfilm gezeigt, und wir selbst sehen dann, was in unserem letzten Leben nicht richtig gelaufen ist. Und wir beschließen, mit Hilfe der karmischen Engel, es im nächsten Leben anders, besser zu machen.

Wir werden dann auf die Lichtebene geleitet, wo unser Zuhause sein wird, bis wir uns eines Tages entschließen, wieder neu zu inkarnieren und uns dazu einen neuen Körper wählen.

Unser Energiekörper ist frei von Begrenzungen, und wir können mit ihm überall hinreisen, denn wir reisen auf der spirituellen Ebene durch Gedankenkraft. Wenn eine Seele denkt, sie möchte nach Australien, ist sie in derselben Sekunde da. Ich selbst habe es auf Astralreisen schon erlebt, die aber immer von der Geistigen Welt geleitet waren.

Vor einigen Jahren wurde ich von der Geistigen Welt gebeten, Botschaften in Trance zu übermitteln. Einige davon findet ihr in diesem Buch wieder. Man sollte sich nie allein auf eine Trancereise begeben, und ganz bestimmt nicht aus Sensationslust, das kann sehr gefährlich sein.

Oftmals wissen die Seelen gar nicht, daß sie „gestorben" sind, denn der Energiekörper sieht genauso aus, wie der fleischliche Körper, nur ist er vollkommen. Wenn ein Mensch z.B. ein Bein verloren hatte, so ist das Bein im Energiekörper vorhanden. Daraus resultiert auch der Phantomschmerz, den Menschen haben, denen ein Glied amputiert werden mußte. Im Ätherkörper ist das Glied vorhanden. Auch sind in unserem Seelenkörper all unsere Eigenschaften und alles, was wir je erlebt haben, gespeichert.

Es ist für uns sehr wichtig, zu verstehen, daß wir uns unser spirituelles Heim auf der Erde bauen, durch unsere spirituelle Entwicklung. Spirituelle Entwicklung bedeutet, die Liebe zu leben, zu uns und zu allem, was da ist, es hat nichts mit Wissen anhäufen zu tun. Die Entwicklungsmöglichkeit im geistigen Reich ist relativ gering, weil wir dort mit Seelen zusammenwohnen, die in etwa die gleiche Schwingungsfrequenz haben. Feinde gibt es dort, in den lichten Ebenen, nicht.

Vor dem Tod braucht also niemand Angst haben. Es ist fast so, als würden wir nachts einschlafen. Deshalb wird der Schlaf auch manchmal der kleine Bruder des Todes genannt. Der Seelenkörper verläßt den fleischlichen Körper und lebt im geistigen Reich weiter.

Unser Leben dort richtet sich nach den Gedanken, Worten und Taten, die wir hier auf der Erde gelebt haben.

Stellen wir uns die Geistige Welt nicht so nebulös vor, sie ist so real, wie unsere Welt auch, nur können wir sie nicht sehen, wie alles, was schneller schwingt als wir. Es gibt dort eine vollkommene Natur, es gibt Schulen, es gibt Universitäten mit allen Fakultäten. Wenn eine Seele im geistigen Reich den Wunsch nach Weiterbildung hat, so wird er ihr gewährt. Auch im geistigen Reich hat jede Seele ihren freien Willen. Niemand wird zu etwas gezwungen.

Die Seele kann dort auch alles lernen, was sie möchte. Es gibt dort wunderbare Mysterienschulen, wo wir, wenn wir möchten, alles über Gott erfahren können. Manche Seelen im geistigen Reich, haben den Wunsch, dort etwas für ihre Brüder und Schwestern zu tun, und auch dies wird ihnen bei entsprechender Eignung oder auch Ausbildung gewährt.

Kinder und Tiere werden betreut. Seelen, die gerade nach einem schweren Leiden herüberkommen, kommen oftmals zuerst in sogenannte Resthomes, wo sie zunächst einmal schlafen dürfen, und wo ihr Geistköper mit neuer Energie aufgefüllt wird.

Es gibt so viel zu tun, und viele Seelen suchen sich, wenn sie im geistigen Reich sind, ihre kosmische Aufgabe. Hierbei bekommt die Seele natürlich Rat und Hilfe von den hohen Engeln und Lichtboten.

Manche der Seelen werden auch Geistführer bei uns Menschen, wenn sie sich aufgrund ihrer spirituellen Entwicklung dazu eignen. Das Leben in der Geistigen Welt ist so schön und mannigfaltig, daß wir uns alle schon darauf freuen können.

Haben wir dann über längere Zeit in den geistigen Reichen gelebt, werden wir uns eines Tages entscheiden, wieder auf die Ebene der Materie zurückzukommen, um uns hier weiterzuentwickeln. Da wir, wenn wir in der Geistigen Welt sind, mit Seelen zusammenleben, die in etwa das gleiche Auralicht haben, gibt es dort keine Feinschaft, kein Ego, das es zu überwinden gilt. Somit ist also dort fast keine Weiterentwicklung möglich. Wie lange es dauert, bis eine Seele wieder inkarniert, ist ganz unterschiedlich. Die Geistige Welt lebt außerhalb von Raum und Zeit, und es spielt daher keine Rolle, wenn zwischen den einzelnen Inkarnationen oft Jahrhunderte vergehen. Im Grunde spielen sich all unsere Leben gleichzeitig ab, aber dies ist für uns nicht zu verstehen, da wir in Raum- und Zeitbegriffen leben.

Wenn sich nun eine Seele entschlossen hat, zurückzugehen in die Materie, bekommt sie vom karmischen Rat oder von den Engeln des Karma gezeigt, welche Erfahrungen ihr noch in ihrer Gesamtevolution fehlen. Dann bekommt sie verschiedene Möglichkeiten vorgeschlagen, wo sie diese Entwicklung am besten machen kann.

Dann wählt die Seele selbst, in welche Familie sie wieder inkarnieren möchte. Es ist sehr wichtig zu verstehen, daß wir alles selbst wählen. Niemals werden wir zu irgend etwas gezwungen.

Hierzu gibt es ein wunderbares Gedicht, das ich meinen Seminarteilnehmern stets mitgebe. Es ist das Gedicht von Hermann Hesse:

DAS LEBEN, DAS ICH SELBST GEWÄHLT…

Ehe ich in dieses Erdenleben kam,
ward mir gezeigt, wie ich es leben würde:
Da war die Kümmernis, da war der Gram,
da war das Elend und die Leidensbürde.
Da war das Laster, das mich packen sollte,
da war der Irrtum, der gefangennahm,
da war der schnelle Zorn, in dem ich grollte,
da waren Haß und Hochmut, Stolz und Scham.
Doch da waren auch die Freuden jener Tage,
die voller Licht und schöner Träume sind,
wo Klage nicht mehr ist und nicht mehr Plage
und überall der Quell der Gaben rinnt.
Wo Liebe dem, der noch im Erdenkleid gebunden,
die Seligkeit des Losgelösten schenkt,
wo sich der Mensch der Menschenpein entwunden
als Auserwählter hoher Geister denkt.
Mir ward gezeigt das Schlechte und das Gute,
mir ward gezeigt die Fülle meiner Mängel.
Mir ward gezeigt die Wunde d'raus ich blute,
mir ward gezeigt die Helfertat der Engel.
Und als ich so mein künftig Leben schaute,
da hört' ein Wesen ich die Frage tun,
ob ich dies zu leben mich getraute,
denn der Entscheidung Stunde schlüge nun.
Und ich ermaß noch einmal alles Schlimme -

„Dies ist das Leben, das ich leben will!“
gab ich zur Antwort mit entschloß'ner Stimme
und nahm auf mich mein neues Schicksal still.
So ward ich geboren in diese Welt,
so war’s, als ich ins neue Leben trat.
Ich klage nicht, wenn's oft mir nicht gefällt,
denn ungeboren hab' ich es bejaht.

Hermann Hesse

Das Problem dabei ist allerdings, daß, wenn wir wieder auf der Ebene der Materie sind, nicht mehr wissen, warum wir hier auf der Erde sind. Und schon beginnen wir, uns wieder einzureihen in den Kampf ums Überleben. Wenn wir zum Beispiel in einigen Leben sehr angepaßt gelebt haben und immer nur versucht haben, die Wünsche anderer Menschen zu befriedigen, so beschließen wir möglicherweise in dieser Inkarnation, ein eigenständiges Leben zu führen. So inkarnieren wir uns in eine sehr autoritäre Familie, um eigenständig, um autark zu werden. Da wir nun nicht mehr wissen, was wir uns als Lernprozeß vorgenommen haben, beginnen wir, gegen unsere dominante Mutter oder den strengen Vater zu opponieren. Oftmals kommt es dabei zu ganz großen Krisen. Wenn wir aber lernen, alles als Lernprozeß zu sehen, so können wir unseren Eltern verzeihen und ihnen dankbar sein für die Lernerfahrung, die sie uns geboten haben. Und wir haben diesen Lernprozeß gewählt. Unsere Eltern haben, bereits bevor sie inkarnierten, mit uns eine Absprache getroffen, sich uns für diesen Lernprozeß zur Verfügung zu stellen. Da wir dies aber nicht mehr wissen, wenn wir in diesem Leben sind, kommt es oftmals zwischen Eltern und Kindern oder auch zwischen anderen Menschen zu großen Krisen. Wenn ein Mensch stirbt, mit dem wir unsere Beziehung nicht bereinigt haben, kommt es oftmals zu Schuldgefühlen und Selbstvorwürfen. Wir können die Beziehung jedoch auch im nachhinein noch klären. Du kannst den Verstorbenen um Verzeihung bitten und ihm auch selbst vergeben. Sprich ganz normal mit ihm, wie du sonst auch mit ihm sprechen würdest. Du kannst auch das Hohe Selbst desjenigen bitten, deine Worte der Liebe und Vergebung zu überbringen. Auch kannst du eine Meditation der Vergebung mit deiner verstorbenen Mutter, Frau u. s. w. machen.

Setze dich dazu ruhig hin, an einen Ort, wo du dich sicher und geborgen fühlst und wo du nicht gestört wirst. Du kannst auch eine Kerze anzünden und eine leise und ruhige Meditationsmusik laufen lassen. Hülle dich selbst in einen Mantel aus Licht ein und bitte Gott um Schutz vor allen fremden Seelen.

Beginne nun ruhig und gleichmäßig zu atmen. Atme ganz tief ein und aus. Du kommst mit jedem Atemzug mehr und mehr zur Ruhe. Lasse alle Sorgen und Ängste einfach los. Atme sie einfach aus. Bitte nun deinen lieben Verstorbenen, zu dir zu kommen, sich vor dich hinzustellen. Hülle auch ihn ganz in weißes Christuslicht ein. Sage ihm, daß du ihn liebst und daß du alles Unerlöste zwischen euch nun bereinigen möchtest. Bitte ihn um Vergebung. Sage ihm, daß du ihn nicht bewußt verletzen wolltest, daß du nur nach deinem damaligen Bewußtseinszustand nicht anders handeln konntest. Und dann bitte den anderen, dir zu sagen, was er von dir möchte. Mit Sicherheit auch Vergebung und Liebe. Vermittle ihm, daß du ihm das, worum er dich bittet, geben wirst. Und lasse die Liebe aus deinem Herzen fließen, lasse das Christuslicht zwischen euch leuchten. Fühle die Liebe und die Erleichterung in dir. Danke auch dem Verstorbenen, daß er gekommen ist, diese Vergebungsarbeit mit dir gemeinsam zu leisten. Und dann entlasse ihn ganz einfach wieder. Du aber komm langsam in den Raum zurück, in dem du diese Meditation begonnen hast. Atme ein paarmal tief ein und aus. Du fühlst dich ganz wohl und unendlich erleichtert. Recke dich und strecke dich, nimm deine Hände hoch und schüttele sie kräftig aus und sei wieder ganz im Hier und Jetzt. Bleibe noch ein wenig ruhig sitzen und spüre in dich hinein. Was fühlst du jetzt?

Auf diese Weise kannst du mit all deinen Verstorbenen, mit denen du noch etwas zu klären hast, sprechen. Es genügt aber, wenn du diese Übung einmal machst. Die Menschen, die im geistigen Reich sind, brauchen ihre Ruhe, denn sie haben dort ihre Aufgabe zu erledigen. Sie arbeiten an ihrer Weiterentwicklung, und es ist nicht sinnvoll, sie ständig zu stören. Wenn sie mit dir in Verbindung treten möchten, werden sie es von sich aus tun.

Erkennen wir aber, daß wir einzig und allein zurückgekommen sind, um uns weiterzuentwickeln. Wir sind alle in der Lage, den Lernprozeß anzunehmen, wenn wir es wirklich möchten.

Wir sind heute die Summe unserer Gesamtevolution, und es geht immer weiter aufwärts, bis wir dereinst alle auf der höchsten Ebene der Entwicklung angekommen sind und wieder vollkommen eins sind mit Gott. Dann werden wir unsere Göttlichkeit auch immer ausdrücken können.

Der beste Augenblick, damit zu beginnen, ist jetzt, während du dies liest. Halte ein wenig inne und bitte dein Hohes Selbst, sich dir zu zeigen. Es kann sein, daß du ein Licht siehst, möglicherweise fühlst du, wie eine wohlige Wärme dich durchströmt, oder du fühlst eine tiefe Liebe in dir. Vielleicht durchströmt dich eine große Freude, ein Gefühl, wie du es noch nie erfahren hast. Wer dies einmal erlebt hat, vergißt es nie wieder. Es kann sein, daß es dir nicht gleich beim ersten Mal gelingt, doch wenn du geduldig mit der Übung fortfährst, wird es dir bald gelingen. Manche Menschen sehen bei dieser Übung auch Farben vor ihrem dritten Auge, das mitten auf der Stirn liegt. Was auch geschieht, nimm es dankbar an.

Vergleiche nicht deine Erfahrung mit der eines anderen Menschen. Jeder von uns ist einzigartig und macht seine eigenen Entwicklungen, die für ihn gut und richtig sind.

Wir Menschen neigen dazu, uns stets mit anderen Menschen zu vergleichen, und kommen dabei doch nur in ein Gefühl der Minderwertigkeit oder in den Größenwahn hinein. Außerdem kommen dabei leicht Neid und Eifersucht auf. Neid und Eifersucht aber sind die größten Hindernisse auf dem Weg unserer spirituellen Entwicklung. Wir sollten danach streben, sie abzubauen. Oftmals können wir dies nicht allein, und wir sollten Gott bitten, uns zu helfen, diese Gefühle abzulegen, sie zu transformieren.

Nur wir sind für unsere spirituelle Entwicklung verantwortlich. Andere Menschen übernehmen dabei nur die Funktion, uns Lernprozesse zu bieten. Und wir haben dann die Wahl, uns diesem Lernprozeß zu stellen oder ihm auszuweichen. Nur gemacht werden muß er, zumal er mit der Zeit immer schwerer wird, je mehr wir ihm ausweichen. Es ist wichtig zu verstehen, daß alles, was uns widerfährt, von uns selbst gewünscht ist, einzig zu dem Zweck, um daran zu wachsen.

Wir kommen wieder und wieder auf die Ebene der Materie zurück, um in uns die Liebe wiederzuentdecken, um den Gott in uns wiederzufinden. Auch wenn uns dieses Wissen im geistigen Reich vermittelt wurde, so haben wir es vergessen, sobald wir wieder in der Dualität leben, sobald wir wieder im Egosytem verhaftet sind. Das Wissen ist immer in uns gespeichert, nur müssen wir es erst wiederentdecken.

Wir sind am Beginn des Wassermannzeitalters, des spirituellen Zeitalters. Immer mehr Menschen beginnen, sich mit den geistig-seelischen Aspekten ihres Lebens zu beschäftigen. Das Universum hilft uns dabei, indem es uns sogenannte kosmische Tore öffnet. Das heißt, es werden vom Kosmos schnellere Energien auf die Erde gesandt, damit wir uns schneller entwickeln können. Das erste kosmische Tor wurde am 11.1.92 geöffnet. Unendlich viele Menschen haben an diesem Tag weltweit meditiert, um das Licht zu empfangen und weiterzutragen. Allein in Ägypten haben sich Tausende von Menschen um die große Pyramide versammelt, um zu beten und zu meditieren. Wir können uns diese neuen Energiewellen zunutze machen und uns von ihnen tragen lassen, und so mehr Freude, Liebe und Harmonie in unserem Leben erfahren. Viele Menschen müssen sich erst an die höheren Schwingungen gewöhnen. Manche Menschen bekommen leichten Husten, Herzflattern, leichte Infekte oder Stauungen mannigfacher Art. Da der Kosmos öfter solche Energiebeschleunigungen vornimmt, haben manche

Menschen seit langem für sie unerklärbare Störungen. Dies äußert sich auch häufig durch länger anhaltende Schlafstörungen.

Die neue Energiequelle stellt für uns eine enorme Chance dar. Sie fordert uns alle auf, uns dem Licht in und um uns herum zu öffnen, das kosmische Licht mehr und mehr in unser Leben zu integrieren. Wir schaffen uns unsere eigene Lichtquelle, jeder von uns. Je mehr wir das Licht in uns erkennen und es ausstrahlen, desto sensibler werden wir gegenüber unseren Mitmenschen, Energien, unserer Ernährung und allen anderen Dingen. Durch die schnelleren Energien, die uns vom Kosmos auf die Erde gesandt werden, wenden sich immer mehr Menschen und auch Gruppen dem Licht zu. Somit wird unser Planet nach und nach eine höhere Schwingungsebene erreichen, und es werden mehr Harmonie und Frieden einkehren.

Natürlich bringt das auch mit sich, daß alte, ins Unterbewußtsein verdrängte Verhaltensmuster freigesetzt werden, damit wir sie auflösen. Dies geschieht nur aus einem einzigem Grund, um uns zu helfen, an unserm spirituellen Wachstum zu arbeiten. Selbstverständlich geht das bei den meisten von uns nicht ohne Turbulenzen ab. Manche Menschen werden diese Veränderungen, diese Arbeit an sich selbst zunächst ablehnen und sich dagegen stemmen. Dies führt aber nur unnötig zu Stauungen und Schmerzen. Es beginnt in vielen Beziehungen zu kriseln. Auch häufen sich Herzinfarkte, Darm- und Rückenprobleme. Deshalb ist es für uns auch so immens wichtig, mit den hohen Energien mitzufließen. Für das Ego allerdings stellt dies eine Bedrohung dar, weil es Angst um seine Vormachtstellung hat, uns zu manipulieren und zu kontrollieren.

Viele Menschen versuchen auch, die hohen Energien, die ihnen unangenehm sind, mit Tabletten oder Alkohol herunterzudimmen. Manche Menschen müssen viel Schmerzen erleiden, bis sie beginnen, auf die Botschaften des Hohen Selbst zu hören. Wen wir auf unserem spirituellen Weg weiterkommen wollen, werden wir nicht darum herumkommen, an unseren alten Mustern zu arbeiten. Je mehr wir es lernen, in den inneren Frieden und die Liebe zu kommen, desto mehr tragen wir zum Weltfrieden bei. Bewußtsein ist kollektiv, so daß das Licht, das wir aussenden, das Licht in allen Menschen entzündet. Unser Denken und unsere innere Haltung ist das, was wir für die Welt tun können. Ja, wir heben damit die Schwingung des gesamten Planeten an. Auf diesem Wege können wir sehr viel für unseren Planeten tun, für die Menschen, die Tiere, die Pflanzen, ja auch für den Planeten Erde selbst.

Über viele Jahrtausende hinweg haben wir uns so viele Begrenzungen geschaffen, daß wir nicht mehr wissen, wie es ist, ohne sie zu leben. Wir identifizieren uns nur mit dem Körper. Und hier haben wir uns alte hypnotische Muster der Vergangenheit zu eigen gemacht, daß der Körper altern und sterben müsse.

Aber immer mehr Menschen beginnen zu erwachen zu ihrer wahren Größe. Gott ist grenzenlos, da wir aber eins sind mit ihm, und er mit uns, so sind auch wir grenzenlos. Um es auch wirklich leben zu können, müssen wir die Tatsache anerkennen und es tief in unserm Innern wissen.

Je mehr wir uns spirituell entwickeln, je mehr lernen wir, unser Leben so zu gestalten, wie wir es haben möchten. Wir können lernen, unseren Körper zu verjüngen. Es ist möglich, mit seinen Zellen zu sprechen und die alten Muster zu transformieren. Es ist der Geist, der göttlich ist, der über den Körper herrscht. Wir sind unsterbliche, strahlende göttliche Wesen.

Beginnen wir damit, unseren Körper zu lieben, denn er ist der Tempel Gottes.

Jesus:

„Friede sei mit euch!

Der Friede Gottes, der in einem jeden von euch ist; der Friede Gottes, der auf der Liebe gegründet ist. Auf der Liebe zu all seiner Schöpfung. Gott, ihr Lieben, ist Weisheit, ist Liebe und unendliche Kraft.

Gott ist Geist und ewig. So seid auch ihr ewig und unsterblich. Schaut tief in euch hinein und erfahrt den Gott in euch.

Ich sagte euch damals: Ich und der Vater sind eins, aber auch ihr und der Vater seid eins. Stellt euch dies einmal als Bild vor. Stellt euch einen riesigen Ozean vor und wisset, dieser Ozean ist Gott. In diesem Ozean sind unzählige Tropen und jeder dieser Tropfen hat die gleichen Eigenschaften wie der Ozean. Nehmt nun einen dieser Tropfen, legt ihn unter ein Mikroskop und betrachtet ihn, und ihr werdet feststellen, daß der Tropfen die gleichen Eigenschaften hat, wie der Ozean.

Wenn ihr nun diesen Tropfen in eine Flasche tut und diese versiegelt, so habt ihr die Seele im Körper eines Menschen, ausgestattet mit den gleichen Eigenschaften, wie der Ozean, wie Gott.Wenn ihr euch dieses Bild macht, ist es für manche von euch vielleicht leichter, sich vorzustellen, daß Gott in euch ist.

Wenn ihr nun diese Eigenschaften Gottes in euch entdeckt und sie auch lebt, dann lebt ihr das ICH BIN. Gott ist das ICH BIN. Und auch ihr seid dieses ICH BIN, denn ihr seid Gott. Sagt euch wieder und wieder: ICH BIN Liebe. ICH BIN Freude. ICH BIN Wissen. ICH BIN Kraft.

Seid euch dessen bewußt und schafft euch ein Leben in Liebe, in Freude und in Fülle. Der Vater ist Fülle, meine geliebten Kinder im Erdenkleid. Nur ihr trennt euch allzuleicht von dieser Fülle ab, weil ihr glaubt, sie nicht zu verdienen. Ihr müßt nichts verdienen, denn sie ist euer göttliches Erbe, euer Geburtsrecht, was euch zusteht von Anbeginn der Zeit. Obwohl Gott niemals einen Anfang hatte und niemals ein Ende haben wird. Und so werdet auch ihr niemals ein Ende haben, weil ihr ewig leben werdet. Nun werden manche von euch einwenden: „Aber wir müssen doch sterben." Nun, es ist so, daß niemand wirklich stirbt, sondern daß ihr bei eurem sogenannten physischen Tod nur die Ebenen wechselt, nur von einer Ebene auf die andere hinübergeht. Dort seid ihr unendlich lebendig, denn ihr lebt in eurem unsterblichen Energiekörper, eurem Geist- oder Seelenkörper.

Es ist gerade so, als würdet ihr in eurem Haus von einem Zimmer in das nächste gehen und euren alten Mantel, den Körper, den ihr nicht mehr braucht, einfach ablegen. Aber auch das brauchte nicht sein, ihr könntet auch, wie viele Meister es bereits taten, euren Körper mit hinübernehmen auf diese geistigen Ebenen. Und immer mehr Menschen werden dies tun, in den kommenden Zeiten.

Wir hier in diesen lichten Ebenen versuchen, euch zu helfen. Wir senden schnellere Energien auf die Erde, damit ihr in der Lage seid, schneller und höher zu schwingen. Und je höher ihr schwingt, desto mehr werdet ihr wahrnehmen aus den unsichtbaren Welten. Stemmt euch nicht gegen diese Energien, sondern fließt mit ihnen mit. Verfeinert eure Schwingungen. Wie ihr das tun könnt? Indem ihr beginnt, die Liebe zu leben, indem ihr beginnt, euch zu lieben, zu lieben für das, was ihr in Wahrheit seid, nämlich strahlende göttliche Wesen. Und wenn ihr das tut, werdet ihr automatisch schneller schwingen und eure Aura wird sich verfeinern.

Und je feiner euer Auralicht ist, in desto höhere Ebenen könnt ihr später gelangen.

Dann werdet ihr in den Lichtebenen sein, die eurer Schwingung auf der Erde gemäß ist. Darum seid ihr auf der Erde inkarniert, um diese feinere Schwingung zu erwerben. Es ist leicht, ihr Lieben, in der heutigen Zeit, weil so viele Menschen sich auf den Weg gemacht haben; den Weg zurück ins Vaterhaus. Denn das geistige Zeitalter beginnt, wo immer mehr Menschen sich Gedanken über ihre Geistigkeit machen und wo die Materie nicht mehr das Wichtigste ist.

Doch achtet auch darauf, daß ihr trotz aller Geistigkeit gut verwurzelt auf der Erde seid, sonst beginnt ihr zu schweben, und das ist für niemanden gut.

Und so geht weiter auf eurem Weg, eurem Weg ins Licht.

Amen.“

DER WEG DER TRANSFORMATION

Jesus:

„Friede sei mit euch!

Friede allen Menschen auf der Erde. Wir hier in diesen lichten Ebenen bringen euch Licht und Liebe, um das Licht und die Liebe in euch zu entzünden; um das Licht und die Liebe auf eurem Planeten Erde zu verbreiten.

In den Zeiten der Wandlung, in den Zeiten der spirituellen Transformation, geht es nicht ohne Turbulenzen ab.

Ihr alle befindet euch auf dem Weg ins Licht, auf dem Weg in eure wahre Heimat, welche ist in Gott.

Ihr alle tragt diesen göttlichen Aspekt in euch, ob ihr euch dessen bewußt seid, oder ob ihr ihn verleugnet.

Auch wenn ihr das Licht und die Liebe in eurer Seele nicht sehen könnt, so sind Licht und Liebe trotzdem in euch.

Auf euren Ebenen regiert die Angst. Überlegt einmal, wie oft ihr selbst dazu beitragt, das Angstpotential in der Welt zu erhöhen; durch eure Ängste, durch eure Emotionen, denen ihr es so oft erlaubt, ungezielt und ungehindert ins Universum hinauszugehen. So ist es nun für euch an der Zeit, daß ihr das Ruder eures Schiffes herumreißt und in die andere Richtung schaut, daß ihr ins Licht seht, daß ihr die Liebe seht, die Freude erlebt und eure Kreativität zum Ausdruck bringt.

In euch allen schlummert ein riesiges Potential an Kreativität, an Freude, an Weisheit und unendlicher Kraft. Wenn ihr dieses nutzen würdet, so würde euer Leben anders aussehen. Manchmal habt ihr eine Ahnung von der göttlichen Energie, die euch durchströmt. Zu anderen Zeiten wieder habt ihr vergessen, daß ihr Gottes geliebte Kinder seid.

Wir kommen, um euch zu ermutigen, um euch zu führen und zu leiten, in Liebe, in Geduld, mit Verständnis und Akzeptanz. Wir wissen, daß es euch nicht immer gleich gelingt, in der Liebe zu sein.

Wie oft nehmt ihr euch vor, einen Tag in der Liebe zu vollbringen, einen Tag lang allen Menschen zuzulächeln. Dann aber geschieht etwas, was ihr als Angriff interpretiert, und schon vergeßt ihr die Liebe in euch. Ihr glaubt, euch verteidigen zu müssen, ihr glaubt, recht haben zu müssen, und wundert euch dann, wenn eure Energie nicht auf dem hohen Level schwingt, wie sie es tut, wenn ihr euch in der Liebe befindet. So bemüht euch stets aufs neue. Laßt es ein neues, frohes Beginnen sein, um euch, und damit auch eure Brüder, in die Liebe, ins Licht hineinzubringen. Ihr alle habt unendlich viel Hilfe aus dem Universum, nur ihr könnt sie nicht annehmen. Ihr habt es verlernt, um Hilfe zu bitten. Doch wer aus reinem Herzen bittet, dem wird gegeben.

Dem, der anklopft, wird die Pforte aufgetan, die Pforte zum Hohen Selbst, die Pforte zum Licht, die Pforte zur Heilung.

Ihr alle wurdet vollkommen und heil geschaffen.

Glaubt nicht denen, die euch einreden wollen, daß alles im Leben Gefahr sei und daß ihr nur mit äußerster Vorsicht durchs Leben schreiten könnt.

Euer Schutz und eure Versorgung sind in euch, und das, ihr Lieben, solltet ihr nie vergessen. So braucht ihr keinen Schutz von außen, denn wenn ihr in der Liebe seid, so befindet ihr euch in Gott, und nur hier ist euer Schutz, ist eure Geborgenheit und eure Versorgung. Darum legt die Ängste ab und begebt euch auf die spirituelle Reise, in die Zeit der Wandlung, ins Land der Liebe, ins Land der Freude und ins Märchenland der Kreativität.

Ich gebe euch meine Liebe und meinen Segen, jetzt und immerdar.

Amen."

Wir alle glauben, wenn auch unbewußt, daß wir uns von Gott getrennt haben. Doch diese Trennung ist Illusion, eine Trennung von Gott ist unmöglich, weil Gott die alles aktivierende Energie im Universum ist, ohne die nichts existieren kann, nicht einmal eine Fliege an der Wand. Da wir die Trennung auf der gedanklichen Ebene vollzogen haben, können wir sie auch nur auf dieser Ebene wieder aufheben. Da alles ein Produkt unseres Denkens ist, haben wir nur zwei Möglichkeiten des Denkens. Die eine Möglichkeit, und diese ist hier sehr weit gefaßt, ist die, daß wir uns mit dem Denken der Angst oder des Egos identifizieren. Die zweite Möglichkeit ist die, daß wir uns mit dem Denken der Liebe identifizieren.

Wir alle neigen dazu, uns sehr schnell mit der Angst zu identifizieren. Wir sind oftmals sehr schnell bereit, andere Menschen zu kritisieren und zu verurteilen. Wir sind geradezu stolz darauf, wenn wir unseren Mitmenschen Fehler nachweisen können. Das Problem dabei ist nur, daß mich auch andere Menschen mit dem Maß messen, mit dem ich sie messe. Die Folge davon ist, daß ich mir keinerlei Fehler mehr erlauben darf, damit mich niemand anders kritisiert. Somit versuchen wir, perfekt zu werden, was einen permanenten Dauerdruck erzeugt. Wir brauchen uns dann auch nicht zu wundern, wenn sich dieser Perfektionismus körperlich niederschlägt, im hohen Blutdruck zum Beispiel, um nur eine Möglichkeit aufzuzeigen. Außerdem ist das, was mich bei einem anderen Menschen ärgert, immer etwas, was ich in mir nicht ansehen will oder noch nicht kann.

Himmel und Hölle sind keine geographischen Punkte, sondern ein Bewußtseinszustand. Wir schaffen uns unseren Himmel und unsere Hölle ständig selbst. Aber wir haben die Wahl, was wir erleben wollen. Liebe oder Angst, Himmel oder Hölle. Viele Menschen glauben, wenn sich die anderen Menschen verändern, dann können sie auch in die Liebe kommen. Die Umstände in unserem Leben müssen sich nicht verändern, damit wir in der Liebe sind und glücklich leben können. Wir können die Welt nicht verändern, sondern nur unsere Einstellung zu ihr. Der Himmel ist hier und jetzt. Unser großes Problem ist, daß wir entweder an den Schmerzen der Vergangenheit festhalten oder uns um die Zukunft sorgen.

Liebe und Glück aber können wir nur im jetzigen Augenblick ausdrücken, darum ist auch der gegenwärtige Moment der wichtigste, der kostbarste überhaupt.

Wir alle suchen wieder nach der Einheit mit Gott, aus der wir kommen, nach der Einheit mit allem, was ist. Das Ego aber will uns in der Getrenntheit halten, es sieht in der Einheit mit Gott den Verlust seiner Identität. Immer, wenn wir in der Liebe sind, fühlt sich das Ego unwohl und in seiner Existenz bedroht. Das Ego fürchtet um sein Überleben und tut alles, um uns in Schmerz, Leid, Angst und Trennung festzuhalten. Darum kommt es manchmal bei Menschen, die auf der Suche nach Gott sind, zu Angst, Depressionen und tiefen Identitästkrisen, weil das Ego einen Kampf ums Überleben führt.

Es ist unsere Aufgabe, hier auf der Erde das Ego zu überwinden und zu unserem wahren Sein, zu unserer göttlichen Quelle vorzudringen und aus ihr heraus zu handeln. Jesus gab uns ein Beispiel durch sein Leben auf der Erde. Er zeigte, daß es möglich ist, die absolute Liebe zu leben.

Es ist nicht hilfreich, gegen sein Ego anzukämpfen, denn dadurch stärkt man nur sein System. Mache dir dein Ego zum Freund. Das Ego existiert nur auf der Erde, nur in der Dualität, und hier kann es überwunden werden. Wir sind nicht das Opfer unseres Egos. Unser Christusaspekt, welcher ist die reine Liebe, ist in der Lage, das Ego, die Angst zu überwinden.

Je freundlicher und liebevoller wir mit unserem Ego umgehen, desto weniger Kampf wird unser Leben sein. Erinnern wir uns, daß das Ego zwar zu uns gehört auf der Erde, wir aber nicht das Ego sind. Wir selbst haben es geschaffen und sollten jetzt anfangen, es zu lieben, anstatt gegen es zu kämpfen. Das Ego ist nur eine Illusion, unser wahres Sein liegt im Göttlichen. Wenn wir also erkennen, daß wir im Grunde nur gegen eine Illusion kämpfen, können wir darüber lachen, und der Streß ist raus.

Wir alle kamen in diese Welt, um zu lernen, die Liebe zu leben. Wir sind auf dieser Welt, damit wir lernen zu vergeben. Jeder, der euch verletzt, will euch nichts Böses antun. Er bietet euch nur einen

Lernprozeß. Er braucht in Wirklichkeit euer Mitgefühl und eure Liebe, denn er verletzt sich in Wirklichkeit selbst. Dies ist der Punkt, der die meisten Fragen in meinen Seminaren aufwirft. Ich werde immer wieder gefragt, wie merke ich denn, ob ich jemandem wirklich vergeben habe. Oftmals glauben wir, daß wir einem Menschen vergeben haben und merken dann doch, daß der alte Groll immer wieder hochkommt.

Nun, wenn du deinem Bruder wirklich vergeben hast, dann ist da kein Zorn und Groll mehr, dann kannst du über das Ereignis ohne Emotionen berichten. Es ist so immens wichtig auf unserem spirituellen Weg, daß wir lernen zu vergeben, sonst bleiben wir stecken in all unseren Schmerzen und Stauungen. Wichtig zu verstehen ist, daß es darum geht, uns unsere Egointerpretation zu vergeben, uns zu vergeben, daß wir überhaupt an Schuld und Angriff glauben.

Ich möchte euch nun eine Vergebungsübung an die Hand geben, mit der ich und viele Menschen aus meinen Gruppen sehr gute Erfolge erzielt haben.

Jesus wurde von Petrus gefragt, wie oft man seinem Bruder vergeben solle, ob sieben mal? Jesus aber sagte: „Sieben mal siebzig mal."

So ist es gut, dieses wörtlich zu nehmen, denn sieben mal siebzig ist 490, und 490 bedeutet Heilung und Erfüllung.

Es ist von großer Wichtigkeit, diese Übung schriftlich zu machen, weil nur dann der volle Erfolg eintritt.

Man schreibt eine Woche lang, morgens und abends je 35 Mal auf:

Ich ....vergebe mir vollkommen.

Setze hier deinen Namen ein.

Es ist so unendlich wichtig, daß wir uns zunächst selbst vergeben, und zwar das vergeben, was wir in die Taten anderer Menschen hineininterpretiert haben.

Als nächstes nimmt man dann den Menschen, mit dem man die größten Schwierigkeiten hat oder wo ein lang gehegter Groll besteht.

Ihr werdet die Erfahrung machen, daß diese Übung sehr befreiend wirkt.

Viele Menschen haben mir schon davon berichtet, wie sie durch diese Übung von den Schmerzen der Vergangenheit befreit wurden.

Vergebung ist der Schlüssel zur Heilung. Nur durch die Vergebung werden wir zum inneren Frieden finden. Durch die Vergebung findest du dein wahres Glück, weil du durch sie zum Christus in dir vordringst. Hier im Christus in dir findest du deine Erfüllung und die wahre Freude, hier ist dein Schutz und deine Versorgung. So öffne deine Augen und sieh auch in deinem Bruder den Christus. Vergebung muß praktiziert werden, tun wir dies nicht, kommen wir auf unserem spirituellen Weg nicht weiter.

Es ist wichtig für uns, zu erkennen, daß kein Mensch uns wirklich etwas Böses antun will. Jeder Mensch hat für sein Tun ganz persönliche Gründe, die mit uns in aller Regel nicht das geringste zu tun haben. Alles, was uns geschieht, widerfährt uns aufgrund unserer Wahrnehmung. So, wie wir etwas wahrnehmen, so werden wir uns verhalten. Darum ist es so unendlich wichtig, unsere Wahrnehmung zu verändern. Wir haben nur zwei Möglichkeiten, etwas wahrzunehmen, die Wahrnehmung der Angst, die immer innerhalb des Egosystems liegt, und die Wahrnehmung der Liebe, die göttliche Wahrnehmung.

Bei einem anderen Menschen können wir nur Liebe wahrnehmen oder einen aus der Angst kommenden Hilferuf.

Wenn also jemand wütend ist, so tut er in Wirklichkeit einen Schrei nach Liebe und Heilung. Und diese Hilfe könnt ihr ihm mental immer geben, indem ihr ihn in Licht und Liebe einhüllt. So kann er wieder zu dem Licht in sich finden, und ihr habt damit zu seiner und eurer Heilung beigetragen. Denn Heilung ist, die Trennung aufzuheben, die Trennung von der inneren Liebe, die Trennung von Gott. Und seht ihr, auf diese Weise wirkt die geistige Heilung. Laßt die Heilung durch euch geschehen. Bewußtsein ist kollektiv und immer, wenn ihr euer Bewußtsein anhebt, indem ihr Liebe und Heilung aussendet, hebt ihr automatisch auch das Weltbewußtsein an.

So laßt uns damit beginnen, statt Angst und Schrecken zu verbreiten, Liebe und Heilung in die Welt zu bringen. Dazu sind wir hier, als Gottes geliebte Kinder.

Unsere Lebensaufgabe ist, zu erkennen, daß wir der Schöpfer unseres Lebens sind. Das bedeutet aber auch, daß wir die Verantwortung für unser Leben übernehmen. Alles im Universum ist Ursache und Wirkung. Das heißt, wir setzen eine Ursache, und die Wirkung tritt irgendwann in Kraft. Es bedeutet aber auch, daß wir es in der Hand haben, wie unser Leben künftig aussehen wird.

Meine Freundin schenkte mir dieses wunderbare Wort über die Liebe, das ich seitdem schon viele Male verschenkt habe und das ich auch mit euch teilen möchte. Was ist Liebe?

LIEBE
IST DIE FÄHIGKEIT UND DIE
BEREITSCHAFT, JENEN, UM DIE DU
BESORGT BIST, ZU GESTATTEN, SO
ZU SEIN, WIE SIE ES FÜR SICH
SELBST ENTSCHIEDEN HABEN, OHNE
DARAUF ZU BESTEHEN, DASS SIE
DICH ZUFRIEDENSTELLEN ! !

Dr. W. Dyer

Eine vielschichtige Seite der Angst ist der Ärger.
Schauen wir uns zunächst einmal an, woher der Ärger kommt. Woraus entsteht Ärger. Der Ärger ist eine Begleiterscheinung der Projektion.

Alle Dinge, die wir in uns nicht anschauen können, weil sie zu schmerzhaft für uns wären, projizieren wir auf andere Menschen. Wir könnten auch sagen, daß andere Menschen uns einen Spiegel vorhalten. Dies ist nicht negativ, sondern sehr hilfreich, wenn wir das richtige Fazit daraus ziehen.

Wenn ich nun meinen Ärger auf einen anderen Menschen projiziert habe, kann ich ihn hier anschauen und kann mir sagen, dies ist mein Ärger, der schon lange in mir war und den ein anderer Mensch nur aus mir herausgeholt hat.

Fühlen wir uns deshalb nicht schuldig, sondern sehen wir es als Chance, Probleme aufzuarbeiten.

Mit anderen Worten, immer dann, wenn ich mich ärgere, habe ich mich mit etwas in einem anderen Menschen identifiziert. Auch wenn es vordergründig nicht so aussieht.

Nehmen wir einmal ein Beispiel an. Stelle dir einmal vor, neben dir wohnt ein Alkoholiker, und du regst dich jedesmal auf, wenn du ihn siehst. Du regst dich nicht auf, weil dieser Mensch Alkohol trinkt. Das tun Millionen anderer Menschen auch. Selbst wenn du überhaupt keinen Alkohol trinkst. Worüber also regst du dich auf?

Du identifizierst dich mit irgend etwas in diesem Menschen, vielleicht mit Verantwortungslosigkeit oder mit Schwäche, oder womit auch immer. Das ist es, was dich wirklich aufregt.

So ist es hilfreich für unsere Entwicklung, wenn wir uns, nachdem wir uns geärgert haben, einmal fragen, was ist da in mir, das ich verdrängt und in mir nicht angeschaut habe? Manchmal kann es eine Weile dauern, bis wir an die Muster kommen, die wir oft schon seit unserer Kindheit mit uns herumtragen.

Wir dürfen uns ärgern, aber wir sollten erkennen, daß es nicht der andere ist, der uns ärgert, sondern daß es unser eigener Ärger ist, den ein anderer Mensch aus uns herausholt. Wichtig ist, daß wir uns für unseren Ärger nicht verurteilen. Kosmisch gesehen ist es egal, ob wir den Ärger unterdrücken oder ausleben. Der Ärger ist eine Schwingung, die ins Universum hinausgeht. Wer sich ständig nur innerlich ärgert, wird krank und wird sich, wenn er nicht daran arbeitet, schließlich selbst zerstören. Wenn wir unseren Ärger ausagiert haben, fühlen wir uns in der Regel unbewußt schuldig. Ich kenne viele Menschen, die auf dem spirituellen Weg sind und die sich sehr schuldig fühlen, wenn sie ihrem Ärger Luft gemacht haben. Ein Ärger aber, den wir herunterschlucken, wird zur unterdrückten Wut, die einen immensen Schaden in unserem gesamten Körper anrichtet.

Also vergeben wir uns unseren Ärger und fühlen uns nicht noch obendrein schuldig.

Denn immer, wenn wir uns schuldig fühlen, haben wir unbewußt Angst vor Bestrafung. Gott aber in seiner Vollkommenheit sieht uns nur vollkommen. Wer also bestraft uns dann? Richtig, einzig und allein wir selbst. Unsere Selbstbestrafungen können nun ganz verschiedene Formen annehmen. Wir können etwas kaputtmachen, was uns lieb und teuer ist, oder wir schneiden uns in den Finger, oder wir rennen mit dem Kopf gegen die Wand. Wenn das noch nicht reicht, fahren wir vielleicht das Auto ein Stück kürzer. Wenn das immer noch nicht genug der Bestrafung ist, werden wir möglicherweise krank, bis zur Autoimmunerkrankung, je nach Stärke der unbewußten Schuldgefühle.

Wir brauchen nicht krank zu werden, um angeblich etwas an Gott wiedergutzumachen.

So ist es wichtig zu erkennen, daß Gott uns die Krankheit nicht schickt, weil sich Krankheit, körperlich wie seelisch, immer auf der Egoebene abspielt, und diese Ebene ist vergänglich. Das einzig Reale und Wahre ist unser göttlicher Teil, weil der ewig und unzerstörbar ist.

Als ich begann, mit diesem Gedankengut zu arbeiten, hatte ich eines morgens so starke Rückenschmerzen, daß ich mich nur mühsam über die Knie aus dem Bett ziehen konnte. Mein Geistführer bat mich, mit dieser geistigen Einstellung meine Rückenschmerzen und meine Zahnschmerzen, die ich auch an diesem Tag hatte, zu behandeln. Nun, ich begann damit: „Die Rückenschmerzen sind nicht von Gott gemacht, also sind sie nicht wirklich."

„So ein Quatsch", sagte mein Verstand, „du kannst dich doch überhaupt nicht bewegen."

Das stimmte natürlich, aber ich blieb dabei, und siehe da, nach wenigen Minuten waren sowohl die Rückenschmerzen wie auch die Zahnschmerzen einfach weg. Und ich war hellauf begeistert.

Welch eine Möglichkeit! Natürlich erzählte ich diese Erfahrung sofort in meinen Gruppen. Und die Gruppenmitglieder begannen direkt, damit zu arbeiten. Es gibt inzwischen unzählige Berichte von Seminarteilnehmern und anderen Menschen darüber. An ein besonders gravierendes Beispiel werde ich mich immer erinnern, und ich möchte es hier mit euch teilen.

Eines Tages kam eine der Teilnehmerinnen meiner Meditationsgruppe mit einer sehr stark ausgeprägten Allergie zur Meditation und bat mich, ihr zu helfen. Ich sagte: „Wir haben drei Möglichkeiten. 1.) Ich gebe dir eine Calciuminjektion. 2.) Ich gebe dir geistige Heilung, und die 3.) und beste Möglichkeit ist die, daß du es selbst wegmachst mit dieser Methode. Sage einfach: „Die Allergie ist nicht von Gott gemacht, also ist sie nicht wirklich." Nun, sie entschied sich auf meinen Rat hin, für die Möglichkeit, es selbst zu versuchen. Sie ging an diesem Abend nach Hause, ohne Juckreiz und ohne Pusteln auf der Haut. Sie wird dieses Erlebnis sicher nie vergessen, und wir alle, die wir es miterlebt haben, auch nicht.

Ich selbst arbeite mit dieser Methode auch gern bei der Geistheilung. Ich mache mir für den Patienten bewußt, daß die Krankheit nicht von Gott gemacht und deshalb Illusion ist. Ich hebe somit für ihn die Trennung wieder auf und bringe ihn in die Einheit mit Gott zurück, wo es ja keine Krankheit gibt. So fließt die göttliche Heilkraft wieder ohne Hindernis.

Gott möchte uns in absoluter Gesundheit sehen. Gott möchte fröhliche Kinder, die in Liebe und Fülle leben. Gott ist Fülle, und da wir eins sind mit ihm und seine geliebten Kinder, ist die Fülle unser natürliches Erbe; wir brauchen sie nicht zu verdienen, sie ist unser Geburtsrecht. Nur wir trennen uns ab von dieser Fülle, weil wir glauben, es sei nicht spirituell, in der Fülle zu leben. Welch ein Irrtum.

Wir glauben, daß das Leben Mühe und Arbeit sein muß, um Gott gefällig zu sein. Und somit trennen wir uns ab von der Freude, die unsere stärkste Energiequelle ist. Liebe ohne Freude ist undenkbar. Sie gehören zusammen. So müssen wir oftmals wieder lernen, Freude zu haben. Wir müssen erst mühsam danach suchen, was uns wirklich Freude macht. Wir müssen vor allem wirklich Freude haben wollen. Manche Menschen sind der irrigen Ansicht, daß es nicht spirituell sei, Freude zu haben. Und dann wundern sie sich, wenn sie sich ständig müde und ausgelaugt fühlen.

Vor allem aber müssen wir aus der Opferrolle herauskommen. Wir sind nicht die armen Opfer äußerer Umstände, sondern sind Schöpfer unseres eigenen Lebens.

Dazu gehört aber zunächst, daß wir bereit sind, die Verantwortung für unser Leben zu übernehmen.

Wie oft sagen wir: „Ich kann nicht, weil…“

Die Gründe dazu kommen immer aus unserer Vergangenheit. Wenn wir statt dessen sagen: „Ich will nicht“, werden wir dadurch zum Meister unseres Lebens. Lernen wir zunächst einmal zu erkennen, was wir wirklich wollen.

Zu mir kommen oft Menschen in die Praxis oder zur spirituellen Lebensberatung, die etwas ändern wollen. Wenn ich dann frage, was sie verändern möchten, sagen sie: „Alles.“ Nun, alles kann und soll man nicht verändern. Es zeigt mir nur, daß die Menschen gar nicht wissen, was sie wirklich möchten. Ich gebe ihnen dann manchmal zwei Blatt Papier und bitte sie, auf das eine Blatt aufzuschreiben, was sie nicht mehr in ihrem Leben haben möchten, und auf das andere, was sie gerne verändern möchten.

Das Blatt, auf dem geschrieben steht, was sie nicht mehr in ihrem Leben haben oder was sie nicht mehr tun möchten, ist bald vollgeschrieben. Doch das zweite Blatt, wo die neuen Wege oder das, was sie wirklich möchten, aufgeschrieben sein sollte, ist leer. Solange wir aber nicht wissen, was wir wirklich wollen, werden wir uns immer als Opfer äußerer Umstände sehen und nicht als Schöpfer unseres Lebens. Wir werden solange sinnlos gegen die ungeliebten Umstände in unserem Leben anrennen, bis wir uns entscheiden, der Schöpfer unseres Lebens zu werden. Dies aber macht vielen Menschen Angst, weil sie es anders gelernt haben. Aber wenn wir wirklich weiterkommen wollen, wenn wir unser Bewußtsein dem Göttlichen in uns und allen Seelen öffnen, seien sie nun auf dieser Erde oder in den unsichtbaren Reichen, müssen wir aus der Opferrolle heraustreten. Anderenfalls machen wir immer wieder leidvolle Erfahrungen, solange, bis wir erkennen, daß wir nicht das Opfer äußerer Umstände sind, auch wenn wir uns seit Jahrtausenden dazu gemacht haben. Wir alle haben unbewußt Angst vor Gott und fühlen uns insgeheim schuldig, weil wir glauben, daß wir uns von Gott getrennt haben. Durch unsere religiöse Erziehung wurde dies noch verstärkt. Aber darum geht es hier nicht. Da wir uns nun unbewußt schuldig fühlen, neigen wir sehr schnell dazu, auch anderen Menschen Schuld zuzuweisen. Das heißt, wir projizieren unsere Schuld auf andere Menschen. Wir machen den anderen zum Sündenbock. Der Name Sündenbock kommt bereits aus dem alten Testament. Einmal im Jahr nahm der Hohe Priester einen Schafbock und projezierte auf diesen die Sünden des Volkes Israel. Das arme, sündenbeladene Schaf wurde dann in die Wüste verbannt, und das Volk Israel war aller Sünden los und ledig.

Nun, wir glauben heute noch, daß jemand außerhalb von uns die Schuld haben muß, da es sonst für uns keine Unschuld geben kann. Deshalb sind wir auch alle so begeisterte Opfer, ja wir lieben es, uns für andere geradezu aufzuopfern, weil es uns das großartige Gefühl gibt, unschuldig zu sein. Manche Menschen kommen ihr ganzes Leben nicht aus dieser Opferrolle heraus. Dabei haben sie oftmals eine gewaltige Wut in ihrem Innern, die sie krank macht. Aber sie sind geradezu süchtig danach, das Opfer eines oder auch mehrerer anderer Menschen zu sein. Interessanterweise fühlt sich auch fast jeder Täter als Opfer und sagt: „Ich konnte gar nicht anders, weil meine Eltern mich geschlagen haben, mich weggegeben haben u. s. w.“

So haben auch viele von uns große Opfergeschichten zu erzählen, und manche Menschen berauschen sich geradezu daran. Nur, ihr Lieben, das bringt uns nicht weiter. Wir müssen lernen, die Verantwortung für unsere Gefühle und somit auch für unsere Entwicklung, ja für unser ganzes Leben, zu übernehmen. Es mag vielleicht so aussehen, als wäre das so schwer. Es ist nicht schwer, sondern nur ungewohnt. Wenn wir es aber einmal gelernt und verstanden haben und vor allem auch umsetzen, daß wir der Meister unseres Lebens sind, dann ist es sehr beglückend.

Alles im Universum ist Ursache und Wirkung. Das heißt, wir setzen die Ursache, und die Wirkung tritt irgendwann in Kraft. Wenn wir unser Leben anders haben möchten, müssen wir also zunächst die Ursache verändern, müssen uns zuvor aber klar darüber werden, was wir erleben wollen. Dazu bekamen wir von Gott den freien Willen. Also nutzen wir die Chance, um unser Leben zu verändern.

Laßt uns einen Augenblick innehalten und uns vergegenwärtigen, wie groß die Liebe Gottes für uns ist, daß wir alles erschaffen dürfen, was wir möchten, ohne daß wir je dafür verurteilt werden.

Schließt einmal für einen Moment eure Augen und denkt nach über diese Liebe, die in euch ist, fühlt, wie diese Liebe euer ganzes Sein durchströmt. Gott ist. Hier und jetzt und ewig. Fühlt, wie ihr durch diese Liebe in euch grenzenlos werdet, so daß ihr gar nicht anders könnt, als sie auf andere auszudehnen. Jede Seele ist unser Bruder, mit dem gleichen göttlichen Aspekt, ob sie sich dessen bewußt ist oder nicht. Verinnerlicht dieses „Ich und der Vater sind eins“. Hier möchte ich ein Gebet von Franz von Assisi einfügen.

Herr, mach mich
zum Werkzeug deines Friedens,
daß ich verzeihe,
wo man beleidigt;
daß ich verbinde,
wo Streit ist;
daß ich die Wahrheit sage,
wo Irrtum ist;
daß ich Glauben bringe,
wo Zweifel droht;
daß ich Hoffnung wecke,
wo Verzweiflung quält;
daß ich Licht entzünde,
wo Finsternis regiert;
daß ich Freude bringe,
wo der Kummer wohnt.

Franz von Assisi

Haben wir doch den Mut und das Vertrauen, uns auf diese, unsere Göttlichkeit einzuschwingen und unser Leben neu zu gestalten, zu einem von Liebe erfüllten, freudigen Leben, statt uns im Kampf mühsam durchs Leben zu ringen.

Zunächst aber müssen wir erkennen, daß wir auf der gedanklichen Ebene eine Ursache setzen. Um wirklich glücklich und voller Freude leben zu können, müssen wir unsere Gedanken verändern. Wir müssen unser Glück nicht „im Schweiße unseres Angesichts“

verdienen. Es ist unser göttliches Erbe. Und nur wir bestimmen, ob wir davon Gebrauch machen wollen oder nicht.

Wenn wir diesen, unseren göttlichen Wert, einmal erkannt haben, werden wir unabhängig von anderen Menschen und äußeren Umständen. Unser Wert bleibt immer gleich, egal, was auch immer im Außen geschehen mag. Dann wird auch unsere Unsicherheit verschwinden. Wenn wir uns selbst nicht anerkennen, glauben wir, daß wir uns ständig um die Anerkennung anderer Menschen bemühen müssen. Entweder erkennen uns unsere Mitmenschen an oder auch nicht. Es hängt nur mit unserem Selbstwertgefühl zusammen. In dem Maße, wie wir uns selber wertschätzen, werden uns auch unsere Mitmenschen zu schätzen wissen. Wenn wir Wertlosigkeit nach Außen projizieren, kommt möglicherweise jemand, der uns schlägt, entweder real oder auf sehr subtile Weise.

Wir sind es gewohnt, daß wir unser Glück oder Unglück in die Hände anderer Menschen oder Umstände legen. Wenn unser Leben dann nicht so verläuft, wie wir es gerne hätten, sagen wir: „Du bist Schuld."

Und doch, welche Chance, daß wir unser Leben selbst gestalten können. Wenn wir allerdings in Angst und Schrecken feststecken, so ist es dringend notwendig, daß wir Gott um Hilfe bitten und nicht versuchen, uns allein gewaltsam daraus zu befreien. Gott kennt immer Mittel und Wege, uns zu helfen. Auf ihn können wir uns immer und zu allen Zeiten verlassen.

In schwierigen Situationen ist es notwendig, daß wir uns nach innen wenden und um Führung bitten. Laßt uns Gott bitten, alles mit uns zu teilen. Wir können jederzeit mit Gott sprechen und mit ein wenig Übung auch seine Stimme hören. Es ist allerdings keine laute Stimme, sondern das gedankenfließende Wort oder die lautlose Stimme.

Im Anfang erfordert es ein wenig Mut und Selbstvertrauen, aber dann erleben wir es als unwahrscheinliches Glück, und alle an unserem Leben beteiligten Menschen mit uns. Wir kommen damit heraus aus der Abhängigkeit von anderen. Wir sind es gewohnt, uns als Opfer anderer Menschen und als Opfer unserer Lebensumstände zu fühlen. Werden wir aufmerksam für die Teile in uns, die sich gerne zum Opfer machen, aber verurteilen wir sie nicht, sondern treffen wir eine andere Wahl. Die Opferrolle ist lediglich eine Wahl, und wir können jederzeit um Hilfe bitten, eine andere Wahl treffen zu können. Sieh dich nicht mehr als Opfer der Welt, sondern als Meister deines Lebens! Übernimm die Verantwortung für dein Leben, in vollem Vertrauen darauf, daß es die andere Instanz gibt, dein Hohes Selbst, das dich liebt, leitet und versorgt. Wenn du aus deiner Opferrolle heraustrittst, kannst du auch die anderen Menschen als unschuldig wahrnehmen und bist in deinem Christusbewußtsein.

Wir brauchen uns nur nach innen wenden. Wer wir sind, wo wir sind, spielt keine Rolle, wir sind immer in Gott. Was gäbe es da zu fürchten?

Jahrelang hast du dich möglicherweise so verhalten, als wärest du ein Roboter, der nur damit beschäftigt ist, die Wünsche anderer Menschen zu befriedigen. Insgeheim warst du ihnen auch vielleicht auch noch böse, daß sie es nicht gebührend anerkannt und gewürdigt haben. Jetzt ist es Zeit, aufzuwachen und dein Leben zu leben. Nimm dir Zeit und überlege dir sorgfältig, was du erleben möchtest. Es ist dein göttlicher Geist, der dein Leben verändern kann, niemand sonst ist dafür verantwortlich. So nutze die Chance und beginne gleich jetzt damit. Überlege dir, was du wirklich gern tun möchtest, was dir Freude machen würde, und dann tue es und sage nicht: „Ja, aber..." und „ich kann nicht, weil...."

Viele von uns müssen erst mühsam lernen, Grenzen zu setzen, und zwar dann, wenn wir es noch liebevoll tun können. Manchen Menschen gelingt dies erst, wenn sie schon am Ende ihrer Nervenkraft angelangt sind oder durch ihre Opferhaltung soviel Wut angesammelt haben, daß sie die Grenze nur in Form eines Vulkanausbruchs setzen können. Dahinter steckt einmal die Angst, daß wir nicht geliebt werden, wenn wir eine eigene Meinung haben, und zum anderen unsere Erziehung, daß man für das Wohl und die Gefühle der anderen Menschen verantwortlich sei. Ich selbst kenne dies nur allzugut. Auch ich habe es über Jahre lernen müssen, daß zu tun, was ich wollte. Ich selbst war auch ein Meister darin, meine eigenen Gefühle, die ich zum Teil noch nicht einmal kannte, weil ich es nicht gelernt hatte, auf sie zu achten, hintenanzustellen.

Auch ich habe jahrelang, wieder und wieder versucht, andere Menschen zufriedenzustellen. Anerkannt hat es meist keiner. Ganz im Gegenteil. Mit unserem Übereifer werfen wir dem anderen Menschen oft unbewußt Unfähigkeit vor. Und dafür liebt uns niemand. Es hat auch in den seltensten Fällen etwas mit Liebe zu tun, wenn wir uns für andere Menschen aufopfern. Wir möchten damit im Grunde nur erreichen, daß man uns liebt und anerkennt!

Das Ego gaukelt uns vor, daß wir ganz allein dastehen auf der Welt und daß uns von überall her Gefahr droht. Es versucht uns einzureden, daß wir aus lauter Mangelgefühlen bestehen. Wir alle kennen dieses Gefühl des Mangels und der Einsamkeit. In solchen Momenten geraten wir sehr schnell in Panik. Um diesen Mangel in uns abzudecken, greifen wir zu Alkohol, zu Psychopharmaka, und anderen Ersatzdrogen, wie Fernsehen, Spielsucht, Sex und Überessen. Auch die Arbeit kann zur Droge werden, wie bei den sogenannten Workaholics. Dies alles sind kompensatorische Versuche, den Mangel in uns auszugleichen.

Auch andere Menschen werden für uns Mittel zum Zweck, diesen Mangel in uns auszugleichen. Wir hoffen mit aller Kraft, daß uns unser Partner schon vollkommen machen werde. Immer wieder werden wir von Menschen angezogen, die auf geheimnisvolle Weise etwas zu besitzen scheinen, was wir glauben, in uns nicht zu haben. So suchen wir Menschen mit besonderen Eigenschaften und erwarten von ihnen, daß sie uns vollkommen machen. Natürlich ist dies nicht möglich. Ein anderer Mensch kann uns niemals vollkommen machen, auch wenn wir das in der ersten Phase der Verliebtheit vielleicht glauben mögen. Wenn wir frisch verliebt sind, sieht die Welt für uns wie ein Paradies aus. Endlich fühlen wir uns vollkommen. Wir schweben wie auf Wolken, und die ganze Welt ist rosarot.

Aber sobald die erste Hochphase vorbei ist und der Alltag einkehrt, zeigt sich, daß der Partner mich nicht vollkommen macht. Solange mein Partner mit seiner Liebe ganz bei mir ist, glaube ich, daß ich vollkommen bin. Aber das ist in allen Beziehungen nur eine Frage der Zeit. Wenn der Partner mir nun nicht mehr jeden Tag sagt, wie wunderbar ich bin und wie sehr er mich liebt, dann kommen meine Mangelgefühle wieder zum Vorschein. Unterschwellig habe ich die ganze Zeit Angst, daß mich mein Partner wieder verläßt und ich mich wieder unvollkommen fühle. Manche von uns beenden dann an diesem Punkt ihre Partnerschaft. Andere wiederum versuchen, den Partner voller Eifersucht zu kontrollieren und in das alte System zurückzupressen. Nur, es nützt uns nichts, wenn wir einem Lernprozeß ausweichen. Da wir glauben, ohne unseren Partner nicht mehr Leben zu können, fangen wir an, ihn unter Druck zu setzen, in dem Moment, wo wir merken, daß er mit seiner Aufmerksamkeit nicht mehr ganz bei uns ist. Oder wir klammern uns mit allen uns zur Verfügung stehenden Mitteln an ihn. Eine weitverbreitete Methode, den Partner bei der Stange zu halten ist auch, ihm mit Liebesentzug zu drohen. Ich messe nun den anderen daran, ob er sein Soll noch erfüllt. Wenn er das nicht mehr tut, beginne ich, ihn unter Druck zu setzen und ihm Schuldgefühle zu machen.

Auch Krankheit ist ein oft benutztes Druckmittel, um den anderen dazu zu veranlassen, das zu tun, was ich will.

Es geht hierbei nicht nur um unsere Liebespartner, sondern um alle Menschen, von denen wir uns besondere Liebe und Aufmerksamkeit wünschen.

Jeder Mensch ist unser Bruder, Partner und Lehrer. All unsere Beziehungen sind eine Chance, in die göttliche Liebe hineinzukommen und die Trennung zwischen uns und dem Partner aufzuheben. Mit den meisten Menschen, zu denen wir in diesem Leben eine enge Beziehung haben, haben wir auch schon in anderen Leben zusammengelebt. Und wir haben es uns noch einmal gewählt, mit diesem Partner wieder zusammenzukommen, um die Beziehung zu heilen. Wir wählen nur verschiedene Formen der Partnerschaft. So war unsere Mutter in diesem Leben möglicherweise unser Sohn in einem anderen Leben, oder unsere Tochter, unsere Ehefrau. Unsere Seelen erinnern sich daran, nur unser Verstand steht uns im Wege. Wir alle sind multidimensionale Wesen, die sich nur selbst begrenzen.

All unsere Beziehungen gehen weiter. Auch wenn ein Mensch stirbt, ist dies nicht das Ende einer Beziehung. Unsere Gedanken halten die Beziehungen aufrecht. Ich habe schon an anderer Stelle darüber berichtet.

Wir alle schleppen ein riesiges Potential an unverarbeiteten Dramen mit uns herum. All unsere negativen Erfahrungen, die wir in der Vergangenheit gemacht haben, sind in unserem Unterbewußtsein und unserem Emotionalkörper gespeichert. Von hier aus projizieren wir unsere Ängste ständig in die Gegenwart und in die Zukunft hinein. Wir haben Angst, daß sich die Schmerzen aus der Vergangenheit wiederholen werden. Diese alten Verletzungen tragen wir oftmals schon seit unserer Kindheit mit uns herum.

Es gibt Menschen, die als Kinder nur dann Zuwendung und Zärtlichkeit bekommen haben, wenn sie krank waren. So haben sie ein tiefes Muster in sich, daß sie krank werden müssen, um Liebe und Zuneigung zu bekommen. So flüchten sie von einer, zum Teil eingebildeten, oftmals aber auch echten, Krankheit in die andere. Es ist sehr schwer, diese Menschen davon zu überzeugen, daß es sich um alte Muster handelt, und daß sie nicht mehr krank zu werden brauchen, um Liebe und Zärtlichkeit zu bekommen.

So möchten wir zwar Liebe und Nähe erleben, aber wir haben zugleich Angst, daß es auch Verlust und Gefahr bedeuten könnte. Darum gehen auch viele Menschen nur halbherzige Beziehungen ein. Es gibt Menschen, die gehen lieber Partnerschaften ein, wo ein Partner in Hamburg und der andere beispielsweise in München lebt. Sie glauben, wenn sie auf Distanz gehen, werde die Liebe nicht so intensiv und der Schmerz hinterher nicht so groß sein.

Wenn wir wirklich liebevolle Beziehungen aufbauen wollen, müssen wir zuerst die Verletzungen aus der Vergangenheit heilen. Wir müssen all denen vergeben, die uns jemals Schmerz zugefügt haben. Nur so werden wir frei für neue, wunderbare Beziehungen.

Wenn wir es lernen, unsere Erwartungen an den Partner aufzugeben, und mehr mit dem Herzen als mit dem Verstand zu kommunizieren, werden wir in die Liebe hineinkommen, in die göttliche, die bedingungslose Liebe.

Das heißt nun nicht, daß wir keine Wünsche mehr an den Partner haben. Wir äußern diese Wünsche auch, aber wir sind dem anderen nicht böse, wenn er sie im Augenblick nicht erfüllen möchte oder kann.

Wichtig ist auch, daß wir wirklich das aussprechen, was wir möchten, und nicht vom Partner erwarten, daß er unsere Wünsche erraten müsse.

Die meisten von uns haben das Äußern von Wünschen jedoch nicht gelernt. Meine Mutter sagte oftmals: „Wenn der Vater nicht fühlt, was ich möchte, dann ist mir das nichts wert." Da mein Vater ihre Wünsche, Bedürfnisse und Nöte aber nicht erspüren konnte, litt sie sehr unter seinem Verhalten. Viele Frauen beklagen sich darüber, daß ihr Mann abends nach Hause kommt und den ganzen Abend vor dem Fernsehen sitzt. Dann versuchen sie, ihm zu erklären, wie schädlich doch das Fernsehen für seine Augen oder die Strahlen für seine Gesundheit sind. Was die Frau in Wirklichkeit möchte, ist, daß er sich mit ihr beschäftigt, daß er ihr seine volle Aufmerksamkeit widmet. Der Mann aber versteht in den meisten Fällen nicht, was die Frau eigentlich möchte. Wenn wir unsere Wünsche äußern, aber es dem Partner überlassen, den Wunsch in diesem Moment zu erfüllen oder auch nicht, nehmen wir den Druck und die Verurteilung aus der Situation heraus. Wenn wir es nicht lernen, unsere Wünsche klar und deutlich zu formulieren, kann der Partner nicht wissen, was uns fehlt. Wir fühlen uns dann unverstanden und als Opfer.

Manche Menschen haben Angst, wenn sie ihr eigenes Leben beginnen, würden sie ihren Partner oder die Freunde oder die Menschen, die sie besonders lieben, verlieren, und vor lauter Angst wagen sie es nicht, etwas zu ändern, und alles bleibt beim alten. Nichts, was wirklich zu uns gehört, können wir verlieren, und alles, was nicht wahrhaft zu uns gehört, werden wir sowieso verlieren. Wenn wir es nicht schaffen, unsere Beziehungen zu heilen, bleiben wir in der Abhängigkeit stecken.

Wir können nicht immer vor unseren Schmerzen davonlaufen, sondern wir müssen beginnen, unsere Erfahrungen aus der Vergangenheit aufzuarbeiten.

Das Ego lehrt uns, daß wir nur dann etwas wert sind, wenn uns andere Menschen lieben, und somit werden wir abhängig davon, ob uns andere Menschen lieben, weil wir unser Selbstwertgefühl daran festmachen. Diese Überzeugungen verursachen ein Suchtverhalten in uns. Da uns die Gefühle des Nichtgeliebtwerdens so unangenehm sind, überzeugt das Ego uns davon, daß Suchtmittel uns von dem Schmerz befreien werden. So glauben wir dann, daß Alkohol, Psychopharmaka, Süßigkeiten, Fernsehen, Spielen, Schlaf oder Bestätigung durch andere Menschen uns von unseren Schmerzen erlösen würden. Sind wir dann erst einmal von diesen Dingen abhängig geworden, ist unser Schmerz nur noch tiefer geworden. Wir haben in unserem ganzen Leben die Wahl, uns für das Ego oder für die Liebe zu entscheiden. Wir müssen lernen, die Verantwortung für unser Leben selbst zu übernehmen, um somit aus den Abhängigkeiten und gleichzeitig aus der Opferolle herauszukommen. Die Anonymen Alkoholiker unterscheiden zwei Formen von Abhängigkeiten. Einerseits die substanzgebundenen Abhängigkeiten, wie Alkohol z.B. und andererseits die sogenannte Co-Abhängigkeit. In der Co-Abhängigkeit erfahren wir unseren Wert durch andere Menschen. Oftmals kommen aber auch beide Formen der Abhängigkeit zusammen vor. Manche Menschen sind beziehungssüchtig, andere wieder arbeitssüchtig, oder auch sexsüchtig. Unsere geringe Selbstachtung veranlaßt uns zu glauben, der Partner oder die Droge werde schon dafür sorgen, daß wir uns vollkommen fühlen. Wenn wir uns selbst nicht oder nur ungenügend lieben, haben wir immer Angst, daß uns der Partner wieder verläßt und uns mit unserm ganzen Mangelgefühl zurückläßt. Das Ego versucht, uns bei der Stange zu halten, indem es uns glauben macht, daß unser Glück von der Bestätigung anderer Menschen abhängig ist, und schafft somit die Co-Abhängigkeit. Sowohl Co-Abhängigkeit als auch Abhängigkeit von Substanzen stärken das Egosystem. Wir haben aber immer die Wahl, ob wir unserem Ego Glauben schenken oder ob wir uns an die andere Instanz in uns erinnern wollen, unseren göttlichen Teil. Hier werden wir immer geliebt, beschützt und versorgt.

Wir schreiben das Drehbuch unseres Lebens und führen auch selbst die Regie.

Oftmals ist es notwendig, das Drehbuch völlig umzuschreiben, und manchmal reicht es aus, kleinere Korrekturen vorzunehmen. Die Kraft und die Möglichkeit dazu hat jeder von uns. Manche Menschen müssen aber erst regelrecht wachgerüttelt werden von ihrer Seele, und dies geschieht oftmals erst durch eine schwere Krankheit. Wenn wir eine schwere Krise oder eine Krankheit einmal als Chance betrachten, durch die wir unser Leben zum positiven wandeln können, dann wird jede Krise und jede Krankheit zur ganz persönlichen Gnade. Immer wieder kommen Menschen in meine Seminare, die durch tiefe Krisen gegangen sind und dadurch auf den spirituellen Weg gekommen sind.

Wichtig ist, daß wir das, was sich aus unserem Leben entfernen möchte, loslassen. Das ist besonders schwer, wenn es sich um Menschen handelt, die wir lieben. Wir glauben ja, daß dieser eine, besondere Mensch uns vollkommen machen kann. Und so haben wir unterschwellig die ganze Zeit Angst, daß uns dieser eine, für uns so wertvolle Mensch wieder weglaufen könnte. Und so klammern wir uns an ihn und möchten ihn für alle Zeiten behalten. Und so werden beide Menschen unfrei. Aber auch wenn zwei Menschen sich trennen, so ist dies keine wirkliche Trennung, denn all unsere Beziehungen bestehen weiter, auch nach dem Tod. Und es gibt nur eine Brücke zwischen dem Diesseits und dem Jenseits, und das ist die Liebe.

Gehen wir liebevoller und gütiger mit uns um, unsere Seele und unser Körper werden es uns danken. Und wenn wir mit uns liebevoller sind, sind wir auch mit anderen liebevoller. Wir handeln dann nämlich aus der Liebe heraus und nicht, wie bisher, aus der Angst.

Wie oft glauben wir Menschen, im Recht zu sein und für etwas auf die Barrikaden gehen zu müssen. Nur, damit erreichen wir in aller Regel wenig. Es ist viel besser, mit Licht und Liebe zu arbeiten und um Erkenntnis für die Menschen zu bitten.

So gehen das Licht und die Liebe ins Weltbewußtsein ein, und alle Menschen profitieren davon.

So werden wir Schritt für Schritt herauskommen aus einem Leben auf Sparflamme, einem Leben aus Angst und Schrecken, hinein in ein Leben aus Frohsinn, Freude, Liebe und Fülle.

Wir alle sehnen uns insgeheim nach Liebe und Nähe, und doch haben wir Angst vor der Liebe. Mit der Angst, mit dem Schrecken, da können wir umgehen, das ist etwas Gewohntes für uns, aber die Liebe zu leben und anzunehmen, das müssen wir erst lernen. So viele Menschen haben Angst vor wirklicher Nähe, daß sie sich immer dann von ihrem Partner zurückziehen, wenn wirkliche Nähe entsteht. Für den anderen Partner ist dies oftmals schwer verständlich und kann für ihn sehr schmerzhaft sein.

Wir brauchen die Liebe nicht wer weiß wo zu suchen, denn sie ist in uns. Laßt uns das mit dankbarem Herzen anerkennen und leben.

Wir können das nicht immer allein, aber wir haben jederzeit die Möglichkeit, um Hilfe zu bitten. So laßt uns darum bitten, daß wir immer und zu allen Zeiten den Christus offenbaren. Bitten wir darum, die Liebe auszudrücken und nicht, von der Angst befreit zu werden. Das geschieht dann ganz automatisch. In dem Moment, wo wir Liebe ausdrücken, ist die Angst verschwunden. Wir müssen es täglich wieder neu üben, in die Liebe zu kommen. Wenn wir aber konsequent den spirituellen Weg gehen, so merken wir sehr schnell, wie sich unser Leben wandelt, wie alle Dinge leichter werden, besonders dann, wenn sie mit Gott getan werden.

Dann sind wir auch in der Lage, das ganze Spektrum unserer positiven Gefühle zu leben, und wir haben den Mut, auch zu unseren negativen Gefühlen zu stehen, weil wir wissen, daß Gott in uns ist, der uns zu allen Zeiten liebt. Dann werden wir, weil wir uns selbst vertrauen, auch wieder in der Lage sein, anderen Menschen zu vertrauen. Wir werden uns nicht mehr einsam und verlassen fühlen, sondern umsorgt und behütet.

Unsere Angst vor der Zurückweisung durch andere Menschen verliert sich. Wir werden lebendig und voller Kreativität durch unser Leben gehen.

Wir werden unsere dynamische Kraft in unserem Innern entdekken und aus ihr heraus handeln können, um unser Leben so zu gestalten, wie wir es gerne leben würden. Wir leben dann mehr aus unserer inneren Weisheit als aus unserem Verstand. Wenn wir erst einmal in der Lage sind, unsere tiefe Lebensfreude, die in uns allen ist, in unserem göttlichen Teil, wirklich zu leben, so ist unser Leben wunderschön.

Das heißt nun nicht, daß wir keine Lernprozesse mehr machen müssen. Die werden wir machen, solange wir auf der Erde weilen. Aber wir können sie als Chance sehen, uns von unseren alten Mustern endlich zu befreien, die wir alle reichlich in unserem Unterbewußtsein verdrängt haben und die jetzt, in der Zeit der Wandlung, nach oben kommen, um erlöst zu werden.

Ihr Lieben, dies ist eine Zeit der Gnade, und wir haben es gewählt, jetzt inkarniert zu sein, um uns selbst zu heilen und um der Welt Hilfe und Heilung zu bringen. Das bedeutet aber auch, daß wir bereit sind, unsere Lernprozesse zu machen. In erster Linie bedeutet es, daß wir beginnen, uns zu lieben. Wir müssen lernen, unsere Gedanken zu beobachten. Wir müssen auf das achten, was wir ständig über uns und andere Menschen denken. Unsere Gedanken erzeugen unsere Emotionen, die es zu beruhigen gilt. Es bedeutet, daß wir die Verantwortung für unsere Gefühle übernehmen und uns nicht mehr als Opfer anderer Menschen verstehen und andere nicht mehr für unsere Handlungen und Gefühle verantwortlich machen. Vor allem aber müssen wir lernen, alle Menschen zu lieben, so wie sie sind. Wir müssen lernen, jeden Menschen so zu akzeptieren, wie er es für sich selbst gewählt hat.

Das ist eine sehr schwere Aufgabe, die uns sicher nicht immer vollkommen gelingt. Je mehr wir aber an unserem Selbstwert arbeiten, umso mehr können wir auch in unserem Bruder den göttlichen Wert erkennen. Wir lernen dann, durch das Ego hindurchzusehen und den Christus im anderen zu erkennen. Um in ein wirkliches

Leben voller Freude hineinzukommen, müssen wir sowohl unsere männlichen wie auch unsere weiblichen Wesensanteile in Einklang bringen. Vor allem aber müssen wir unser inneres Kind mit in unser Leben integrieren und die alten Kindheitsverletzungen heilen. Ich selbst wollte auch nicht glauben, welch starken Einfluß dies auf unser Leben haben kann. Aber die Geistige Welt führte mich Schritt für Schritt an diese Erfahrungen heran.

Ich möchte nun eine Heilungsmeditation zur Heilung von Beziehungen mit euch machen.

Am besten sprecht ihr die Meditation wieder auf eine Kassette, damit ihr euch beim Abhören ganz der Meditation hingeben könnt.

Aber laßt zwischen den einzelnen Stationen genügend Raum auf der Kassette für eigenes Erleben.

Setze Dich an einen ruhigen Platz, wo es dir gefällt und wo du dich geborgen fühlst. Sorge dafür, daß du nicht gestört wirst.
Bitte Gott um Schutz für deine Meditation.
Atme nun ganz entspannt ein und aus, so, wie es dir angenehm ist.
Mit jedem Atemzug läßt du die Außenwelt mehr und mehr los. Du kommst zur Ruhe. Dein Atem entspannt dich.
Beobachte eine Weile deinen Atem, das Ein und Aus. Die Atemzüge sind ruhig und gleichmäßig.
Nun stelle zuerst deine Erdung her. Stelle dir vor, daß aus deinen Füßen Wurzeln wachsen. Stelle dir vor, du bist ein Baum, der seine Wurzeln tief und breit in die Erde hineinschickt. Sei mit deinem Be-

wußtsein ganz bei deinen Wurzeln und lasse sie mit jedem Atemzug stärker werden.
Nun stelle dir vor, daß du über deinem Kopf eine strahlend weiße Christussonne hast. Lasse dieses Christuslicht ganz um dich herum fließen. Hülle dich ganz darin ein.
Und nun bitte den Engel der Heilung und den Engel der Vergebung, dich zu begleiten.
Gehe in Gedanken und in deiner Vorstellung hinaus in eine wunderschöne Sommerlandschaft. Alles grünt und blüht. Es ist angenehm warm, und die Sonne scheint, und du fühlst dich ganz wohl.
Vor dir siehst du einen großen und schönen Berg, auf den ein gut gangbarer Weg hinaufführt. Beginne nun, den Berg hinaufzusteigen. Je höher du hinaufkommst, desto weiter kannst du sehen, desto freier fühlst du dich. Alles Belastende bleibt zurück. Du gehst auf den heiligen Berg, um dich und deine Beziehungen zu heilen. Freue dich an der Schönheit rechts und links des Weges. Es gibt so viel zu sehen hier in der schönen Natur.
Oben auf dem Berg siehst du einen riesigen Tempel mit einem großen Tempelhof. Schaue dich erst ein wenig um hier. Wie sieht dein Tempel aus, ist er aus Gold oder Edelstein? Kommt er dir irgendwie bekannt vor? Fühle dich hier wie zu Hause. Du wirst hier willkommen geheißen. Du wirst hier erwartet.
Gehe nun zum Tempeltor hinein. Hier findest du einen großen See mit glasklarem Wasser. Es ist der See der Transformation. Hier kannst du all deine Emotionen klären. Wirf alle Ängste, allen Ärger, alle negativen Gefühle, die möglicherweise in dir sind, einfach hier in den See und bitte um Transformation in Liebe.

Spüre, wie du innerlich klarer und freier wirst.
Gehe nun in die große Tempelhalle hinein. Sie ist festlich mit Blumen und Kerzen geschmückt. Alles ist zu deinem Empfang bereit. Der Engel der Heilung und der Engel der Vergebung sind schon da. Begrüße sie zuerst und spüre die Liebe, die dir hier entgegengebracht wird.
Sie fragen dich, ob du bereit bist, deine Beziehungen zu heilen.
Zuerst bitten sie dich, dir selbst zu vergeben. Vergib dir nun alles, was du jemals Negatives über dich gedacht hast. Lasse dir Zeit dabei.
Dann vergib dir alles, was du jemals Negatives über andere Menschen gedacht hast.
Nun betritt Jesus den Raum. Er begrüßt dich liebevoll und dankt dir für deine Bereitschaft zu vergeben. Er nimmt dich liebevoll in die Arme, und du fühlst, wie alle Belastungen und alle Sorgen von dir abgefallen sind.

Nun lasse alle die Menschen zu dir kommen, mit denen du Vergebungsarbeit leisten möchtest. Bitte sie, hier vor dir zu erscheinen. Es spielt dabei keine Rolle, ob derjenige noch lebt oder bereits im geistigen Reich ist. Lade sie alle ein, jetzt zu dir zu kommen. Fürchte dich nicht. Jesus, der Engel der Vergebung und der Engel der Heilung sind ja bei dir.
Nimm dir hier viel Zeit. Sieh, wie die Menschen vor dir stehen. Hülle sie ganz in Licht und Liebe ein. Verzeihe ihnen all das, womit sie dich jemals verletzt haben. Bitte auch sie, dir zu verzeihen. Lasse die Liebe zwischen euch wieder fließen. Bitte dann den anderen, dir zu sagen, was er von dir möchte. Möglicherweise möchte er Liebe, Vergebung

oder einfach mehr Anerkennung. Was immer es auch sei, gib es diesem Menschen.
Wenn du mit einem Menschen fertig bist, so bitte ihn, sich in einem Kreis aufzustellen. So wird der Kreis nach und nach immer größer werden. Auch Jesus und die Engel werden sich, nachdem du mit allen Menschen, die dir Kummer gemacht haben, fertig bist, in den Kreis einreihen, gemeinsam mit dir.
Jeder in diesem Kreis bekommt nun eine weiße Kerze, die Kerze der Versöhnung. Zünde du nun alle diese Kerzen an und sei sicher, daß die Liebe zwischen euch wieder fließen wird. Bedanke dich bei allen, die gekommen sind. Sie alle waren deine Lehrmeister, wie du auch der ihre bist. Durch die Vergebung bist du nun ganz in der Liebe Gottes. Spüre sie in dir. Spüre die Erleichterung und die Freude in dir. Der Friede Gottes möge dich bewahren. Nimm die Liebe und die Freude mit, wenn du nun zurückgehst in deinen Alltag, in deine Familie oder in dein Berufsleben.
Danke allen, die dir geholfen haben. Geh nun langsam den Berg wieder hinunter ins Tal. Fühle dich frei und froh. Singe ein Lied, wenn du magst, und freue dich an der schönen Natur.
Geh langsam und genieße den Abstieg.
Wenn du wieder unten im Tal bist, sieh noch einmal nach oben zum heiligen Berg. Wisse, du kannst jederzeit hierher zurückkommen.
Komme nun wieder in den Raum zurück, in dem du deine Meditation begonnen hast.
Atme tief ein und aus. Ganz tief ein- und ausatmen. Komme mit jedem Atemzug wieder mehr und mehr in dein normales Tagesbewußtsein zurück.

Recke dich und strecke dich. Nimm deine Arm hoch und schüttele deine Hände aus. Öffne deine Augen und sei wieder ganz im Hier und Jetzt.

Schreibe dir deine Erlebnisse am besten gleich auf, damit sie dir nicht verlorengehen.

HEILUNG DES INNEREN KINDES

Eines Tages lag ich so richtig entspannt in der Sonne und freute mich an dem schönen Tag. Es war während meines Urlaubs auf Mallorca. Ich freute mich, daß ich einmal so richtig viel Zeit für mich haben konnte. Nun, die Geistige Welt sah das offenbar etwas anders. Eckhart meldete sich bei mir und schlug mir vor, doch ein Seminar vorzubereiten mit dem Thema: „Heilung des inneren Kindes." Ich war nicht sehr glücklich darüber und konnte zu dem damaligen Zeitpunkt auch nicht so recht einsehen, was daran so hilfreich sein sollte. Eckhart ließ sich aber nicht beirren und gab mir ganz klare Anweisungen, was zu tun sei. Nun, da ich ihm restlos vertraue und aus langer, langer Erfahrung weiß, daß er immer recht hat mit dem, was er sagt, begann ich mit den Vorbereitungen für dieses Seminar. Es machte mir sehr bald Freude, und mein inneres Kind, das ich bis dahin nur selten oder überhaupt nicht wahrgenommen hatte, half mir sehr dabei, wohl in der Annahme, daß es dann auch mehr geliebt und angenommen würde, was auch der Fall war. So begann ich also mit viel Freude und Erfolg, dieses Seminar zu geben.
Ich bin immer wieder tief erschüttert, zu erleben, wenn die Menschen ihr inneres Kind kennen und lieben lernen. Alle Seminarteilnehmer haben viel Erleichterung und Freude in diesen Seminaren erfahren. Auch habe ich eine monatliche Arbeitsgruppe zur Heilung des inneren Kindes gegründet.

Manche von euch werden sich nun vielleicht fragen, wer oder was ist denn nun das innere Kind, und was bedarf da der Heilung?

Das innere Kind ist ein Wesensanteil des Menschen, wie z.B. die innere Frau oder der innere Mann.

Wir alle haben bereits als Baby und als Kleinkind so viele unbewußte innere Verletzungen erlebt, die wir nie bewußt wahrgenommen haben, die uns aber trotzdem, auch heute noch im Erwachsenenalter, zu schaffen machen. Oftmals gehen die Verletzungen sogar bis in die Pränatale Phase zurück. Diese alten Verletzungen gilt es nun aufzuarbeiten, damit wir frei und in Freude leben können. Oftmals sitzt der Schmerz so tief, daß es ratsam ist, dies in Rückführungssitzungen zu machen. In diesen Einzelsitzungen kann man dann, ohne Scham vor der Gruppe, all das herauslassen, was das innere Kind verletzt und belastet hat. Hier darf das Kind dann all seinen Schmerz, seine Wut und seine Trauer herauslassen. Indem es diese Gefühle leben darf, befreit es sich davon. Und der Erwachsene bemerkt dann ganz deutlich die Befreiung von alten Mustern.

In dem Moment, wo wir auf diese Welt kommen, werden wir bereits mit Einsamkeit und Verlassensein konfrontiert. Der Säugling, der gerade geboren wurde, wird auf die Säuglingsstation gebracht und dort allein gelassen. Er kommt nach Hause und wird ins Kinderzimmer gestellt und dort auch oft über lange Phasen alleingelassen. Der kleine Säugling schließt nun bereits daraus, daß er nichts wert sein kann, denn sonst würde seine Mutter ihn ja den ganzen Tag im Arm halten. Daß es im normalen Tagesabblauf gar nicht möglich ist und für den Säugling auch nicht gut wäre, weiß dieses kleine Menschlein ja nicht. Und so geht es weiter.

Wir machen in meinen Seminaren stets geführte Meditationen, um herauszufinden, wann die stärksten Verletzungen aufgetreten sind. Sie treten am meisten zwischen dem 2. und 10. Lebensjahr auf, nach meinen Erfahrungen. Besonders so um das fünfte bis siebente Lebensjahr entstehen starke Verlassenheitsgefühle und ein Einbruch in das Selbstwertgefühl. So entscheidet auch das innere Kind, daß es nichts wert ist, und fühlt sich unendlich einsam und verlassen. In früheren Jahren hat man gar nicht um sein inneres Kind gewußt, geschweige denn, darüber gesprochen. Weil das innere Kind nun seinen Wert nicht kennt, versucht es, sich die Bestätigung seines Wertes im Außen zu holen. So versucht es, sich schön angepaßt zu verhalten, damit die Menschen es lieben und ihm somit seinen Wert bestätigen. Und dann sausen wir als Erwachsene wie Roboter durch die Gegend, um die Bedürfnisse anderer Menschen zu befriedigen, in der Hoffnung, daß sie uns dann lieben und uns unseren Wert bestätigen. Daß sie das oft gerade nicht tun, steht auf einem ganz anderen Blatt. So werden wir also abhängig von der Bestätigung durch andere Menschen, weil unser inneres Kind seinen Wert nicht kennt und darauf angewiesen ist, ihn von außen zu erhalten. Wenigstens so lange, bis wir als innerer Erwachsener bereit sind, diesen Wesensanteil in uns zu integrieren, zu heilen und zu lieben. Dann braucht das innere Kind sich die Bestätigung nicht mehr im Außen zu holen, weil es von uns bestätigt und geliebt wird. Wenn wir das innere Kind in unser Leben integrieren, wenn wir es lieben und die Verantwortung dafür übernehmen, dann werden wir auch in der Lage sein, das ganze Spektrum unserer Gefühle zu leben. Das innere Kind drückt sich durch unsere Gefühlswelt aus. Wenn wir das Kind nicht lieben, fühlt es sich unendlich einsam, verlassen, oftmals auch sehr wütend.

Wird es aber von uns geliebt und anerkannt, dann beschenkt es uns mit einer unendlichen Liebe und Kreativität. Ein so geliebtes inneres Kind ist das Bindeglied zum Hohen Selbst.

Das innere Kind möchte spielen und Spaß haben. Wenn wir diesen Wesensanteil in unser Leben integrieren, wird unser Leben nicht nur viel fröhlicher sein, und alles wird uns viel leichter von der Hand gehen, sondern wir werden sehr viele spielerische und kreative Aspekte in uns entdecken und leben können. Wir werden das Gefühl der Einsamkeit überwinden, wir werden aus der Abhängigkeit herauskommen, wir werden viel liebevoller mit uns und anderen Menschen umgehen. Das innere Kind ist von Natur aus liebevoll und voller Mitgefühl. Erst dann, wenn es von uns verraten und verlassen wird, verhärtet es sich und wird egoistisch und egozentrisch. Normalerweise ist das innere Kind etwas Einzigartiges und Schönes. Es ist voller Lebensfreude und immer an neuen Erfahrungen und Ideen interessiert. Beobachtet einmal kleine Kinder. Sie sind so mannigfaltig in ihrem Ausdruck, und wir können so viel von ihnen lernen.

Als ich begann, das Seminar zu geben, bat Eckhart mich, doch einmal kleine Kinder zu beobachten. Ich war über das Wochenende an der holländischen Küste. Das Wetter war schön, und viele Kinder waren am Strand. Größere und kleinere, wie das so ist. Ich hatte Zeit und gab mich ganz den Beobachtungen der Kinder hin. Ich habe viel daraus gelernt. Kinder leben im Hier und Jetzt, völlig hingegeben an das, was sie tun. Während ich dies Kapitel schreibe, bin ich auf Lanzarote, und hier im Hotel ist ein kleines Mädchen von zehn Monaten, das den Aspekt des inneren Kindes perfekt repräsentiert. Wann immer ich diesem Kind begegne, sitzt es aufmerksam, nach vorn gebeugt, damit es auch alles sehen kann, in seinem Buggi, und schaut mit großen, an allem interessierten Augen in die Welt. Wenn die Menschen es anschauen, dann lächelt es, daß es einem ganz warm ums Herz wird. Als ich den Vater darauf ansprach, sagte er: „Ja, sie liebt die Menschen und vertraut ihnen." Seht ihr, das ist es, was ich meine. Auch unser inneres Kind, wenn es von uns geliebt wird, vertraut den Menschen. „Werdet wie die Kinder, sonst werdet ihr nicht ins Himmelreich kommen", sagte Jesus. Hier wird es deutlich, was er meint. Unser inneres Kind verfügt über eine unendliche Weisheit und über soviel göttliche Liebe. Wenn wir mit ihm ständig in Verbindung sind, ist unser Leben Liebe und Freude, voller Fröhlichkeit und Lachen, und wir sprühen nur so vor Energie. Wenn wir mit unserem inneren Kind in ständigem Kontakt sind, können wir auch wirkliche Nähe zu unseren Mitmenschen herstellen, die wir uns doch alle wünschen und vor der doch so viele Menschen Angst haben. Manche Menschen trennen sich dann von ihrem Partner oder ihren Freunden, wenn wirkliche Nähe entstanden ist. Sie haben Angst, daß der Partner sie vereinnahmen, manipulieren oder auch verlassen könnte. Das ungeliebte innere Kind versucht sich dann davor zu schützen, indem es davonläuft. Manche Menschen sagen dann wohl auch: „Bevor ich riskiere, daß mein Partner mich verläßt, beende ich lieber die Beziehung." Oder die eine Freundin zieht sich von der anderen zurück, wenn sie glaubt, es kommt noch eine Freundin dazu. Dies alles sind Ängste des ungeliebten inneren Kindes, das sich vor dem Verlassenwerden zu schützen versucht. Wenn wir ein so ängstliches inneres Kind haben, dann schreit es nach Liebe, nach unserer Liebe. In jedem von uns ist dieses kleine innere Kind, das so viele Verletzungen erhalten hat und immer noch erhält, wenn wir es nicht lieben. Wenn wir als Kind ständig kritisiert wurden, fahren wir mit dem alten Muster fort und werden uns nun als Erwachsener ständig kritisieren. Als weitere Folge davon kritisieren wir auch andere Menschen. Dann wiederum haben wir Angst, von außen kritisiert zu werden. Ihr seht, welches Spiel wir da mit uns treiben, und zwar so lange, bis wir beginnen, das innere Kind zu heilen und die alten, angstbesetzten Muster loszulassen. Die meisten Erwachsenen ignorieren ihr inneres Kind völlig, ja viele Menschen haben noch nie etwas von ihrem inneren Kind gehört. Infolgedessen ist das kleine innere Kind, das sich schon sehr früh in unserem Leben in sich selbst zurückgezogen hat, unendlich einsam und verlassen, weil wir es nicht lieben. Die Ängste der Menschen nehmen immer mehr zu. Bei manchen Menschen sind die Ängste so stark, daß sie sich nicht mehr zutrauen, auf die Straße zu gehen. Hier tritt die Angst des kleinen inneren Kindes immer mehr zutage. Wenn wir, der innere Erwachsene, aber beginnen, dieses kleine ängstliche Kind zu lieben und zu beschützen, wird es, wenn es erst einmal Vertauen zu uns gefaßt hat, nach und nach von seinen Ängsten Abstand nehmen können.

Wir müssen unserem inneren Kind sagen, daß wir es lieben, daß wir es von nun an nicht mehr im Stich lassen werden. Aber ein Kind, das lange verlassen war, braucht seine Zeit, bis es dir wieder Glauben schenkt. Es ist ganz wichtig, mit dem Kind zu reden, es in den Arm zu nehmen, ihm deine Liebe auch wirklich zu zeigen.

Aber nicht nur einmal, sondern täglich wenigstens ein paar Minuten. Dies nimmt nicht viel zusätzliche Zeit in Anspruch, wie manche nun wohl denken werden. Bezieh das Kind einfach in deinen Tagsesablauf mit ein. Frage es, was es gerne tun möchte. Ob es lieber spazierengehen, basteln, malen oder schwimmen gehen möchte. Und dann erfülle ihm nach Möglichkeit, was es sich wünscht. Stelle dir einmal vor, du hast ein kleines Kind. Und nun stelle dir vor, wie du mit ihm sprichst, es liebevoll in den Arm nimmst, ihm vielleicht ein Stofftier oder eine Puppe kaufst. Aber kaufe ihm die Puppe, die es gerne haben möchte. Kinder stellen andere Anforderungen an ihr Spielzeug als Erwachsene.

Und dann nimm dieses Stofftier oder die kuschelige Puppe in den Arm und sprich mit deinem Kind. Mit etwas Geduld, wirst du sein feines Stimmchen hören. Es ist natürlich keine eigentliche Stimme, sondern ein gedankenfließendes Wort, aber du wirst es deutlich von deinem Gedanken unterscheiden können. Nur gib dem Kind Zeit, es muß erst Vertrauen fassen.

Du kannst dir auch ein Foto, das dich als kleines Kind zeigt, anschauen, damit du dir dein kleines inneres Kind besser vorstellen kannst. Du kannst dem Kind auch einen Kosenamen geben oder den aus deiner eigenen Kindheit nehmen, wenn er dir lieb ist. Und dann sage deinem inneren Kind all das, was du an liebevollen Worten in deiner Kindheit vermißt hast. Sage ihm auch, daß es dir leid tut, daß du es solange vernachlässigt hast. Sei ohne Sorge, dein inneres Kind liebt dich und möchte so gerne mit dir in liebevolle Kommunikation treten. Frage dein Kind, was ihm Spaß machen würde, ob es gerne mit dir spielen möchte. Lasse es von nun an teilhaben an deinem Leben, an deinen Gefühlen. Du wirst die Veränderung schon sehr bald feststellen. Beobachte einmal kleine Kinder, wie sie ihre Liebe ausdrücken. Beobachte auch einmal deinen Hund, wie er dir seine Liebe gibt. Ich selbst habe zwei Hunde. Auch dann, wenn ich nur mal eben ein paar Minuten weg war, zeigen sie mir bei ihrer Rückkehr ihre ganze Liebe und Freude. Es ist ihnen wichtig, daß ich da bin. Und genauso wichtig ist es auch für dein inneres Kind, daß du für es da bist, daß du ihm zeigst, wie wertvoll es ist, wie es geliebt wird. Dann braucht es sich die Bestätigung nicht mehr im Außen zu suchen, es bekommt sie von dir.

Ich möchte nun eine kleine Meditation mit euch machen, damit ihr euer inneres Kind zunächst einmal kennenlernen könnt.

Setze dich an einen ruhigen Ort, der dir Geborgenheit vermittelt und an dem du sicher bist, daß du nicht gestört bist. Du kannst dir die Meditation auch wieder auf eine Kassette sprechen, es ist dann leichter einzusteigen.

Atme nun wieder ganz entspannt ein und aus. Konzentriere dich ganz auf deinen Atem und lasse mit dem Ausatmen alles los, was dich belastet. Atme alle innere Unruhe einfach aus. Nun stelle dir vor, du bist an einem breiten, weißen Sandstrand. Atme die frische Luft des Meeres ein. Spüre den Sand unter deinen Füßen. Es ist angenehm warm, und die Sonne scheint, und du fühlst dich ganz wohl und entspannt. Gehe nun am Strand entlang. Du wirst dort ein kleines Kind finden. Es sitzt in einer Sandburg. Es ist dein inneres Kind. Schon von weitem kannst du seine Stimmung wahrnehmen. Schaue es dir genau an, wie alt ist

es? Wie fühlt es sich? Ist es einsam und verlassen, ist es traurig oder zornig oder vielleicht ganz in sich selbst zurückgezogen?
Nun gehe hin zu dem Kind, sprich mit ihm. Bitte es, sich dir anzuvertrauen. Sage ihm, daß es dir leid tut, daß du es so lange vernachlässigt hast. Bitte es, dir zu verzeihen. Sage ihm, daß du es von nun an lieben und zu ihm stehen wirst. Bitte nun das innere Kind, dir zu sagen, was es am dringendsten braucht. Nimm es in deine Arme, gib ihm die Liebe und Zärtlichkeit, die es so viele, viele Jahre vermißt hat. Lasse dir Zeit dabei. Baue eine Beziehung auf zu deinem inneren Kind. Spüre tief in deine Gefühle hinein. Lasse die Tränen fließen, sie sind ein Teil deines Heilungsprozesses. Fühle die Liebe deines inneren Kindes. Nimm es an die Hand und laufe mit ihm am Strand entlang. Bitte es, dir zu sagen, ob es einen Teddybären oder eine Puppe haben möchte. Wenn es im Meer schwimmen möchte, so gehe mit ihm ins Wasser. Freut euch miteinander und gebt euch eure Liebe.
Wenn du dazu bereit bist, komme in den Raum zurück, in dem du diese Meditation begonnen hast. Atme ganz tief ein und aus. Komme mit jedem Atemzug wieder mehr und mehr an dein normales Tagesbewußtsein zurück. Recke dich und strecke dich. Nimm deine Arme hoch und schüttele die Hände aus und sei wieder ganz im Hier und Jetzt.

Schreibe dir als erstes wieder auf, was du mit deinem inneren Kind erlebt hast. Später dann kannst du jederzeit auch ohne vorherige Meditation mit deinem inneren Kind in Verbindung treten. Schließe dann einfach nur für einen Moment die Augen und versenke dich in die Stille, nimm dein Kind in den Arm, und es wird dir antworten.

Du kannst dazu auch den Teddy oder die Puppe in den Arm nehmen, um eine leichtere Verbindung herzustellen.

In meinen Seminaren mache ich immer eine Übung, die sehr wirkungsvoll ist und die ich dir auch ans Herz legen möchte.

Besorge dir einmal zwei Schreibstifte in verschiedenen Farben.

Wir haben bereits festgestellt, daß das innere Kind der intuitiven Seite zugeordnet ist. Die intuitive und die empfangende Seite gehört zur linken Hand und zur rechten Gehirnhälfte. Die Ratio, der Intellekt, gehört zur rechten Hand und zur linken Gehirnhälfte. Schreibe nun mit einem der Farbstifte, als Erwachsener an dein inneres Kind einen lieben Brief, mit der rechten Hand. Nimm dazu einen farbigen Stift. Sage ihm, was du es gerne wissen lassen möchtest. Sage ihm, daß du es liebst und es dir leid tut, daß du es so lange verleugnet oder vernachlässigt hast und daß du von nun an die Verantwortung für es und seine Bedürfnisse übernehmen möchtest. Es sollte dir aber auch wirklich ernst damit sein. Es ist wichtig, daß das Kind Vertrauen zu dir fassen kann und nicht gleich wieder enttäuscht wird. Dann wechsele den Farbstift und schreibe die Antwort des Kindes mit der linken Hand. Die Antwort kommt dann aus der rechten Gehirnhälfte und fällt ganz anders aus, als würdest du mit der gleichen Hand weiterschreiben. Ermutige dein inneres Kind, all das auszudrücken, was es dir gerne sagen möchte.

Es ist immer wieder rührend zu erleben, wenn das innere Kind die Verbindung zu seinem inneren Menschen aufnimmt. Oftmals fließen dabei auch Tränen. Aber es sind sehr heilsame Tränen, und du solltest dankbar dafür sein.

Mache diese Übung am Anfang ruhig täglich für ein paar Minuten, und du wirst sehen, welch beglückende Erlebnisse dir dadurch zuteil werden.

Eine schöne Übung, die es dem inneren Kind gestattet, seine Gefühle auszudrücken, ist das Malen eines Bildes. Es geht hierbei nicht darum, ein Kunstwerk zu erstellen, sondern darum, daß das Kind all seine Gefühle, die schon solange in ihm verleugnet waren, ausdrückt. Ich verwende diese Übung sehr gern in meinen Seminaren, weil ich hier die Bilder deuten und somit die Gefühle des Kindes ablesen kann. Nimm dir schöne farbige Stifte. Mache dir eine Musik an, die dir und deinem Kind gefällt, und dann bitte dein inneres Kind, die Farben auszuwählen und all seine Gefühle in dem Bild auszudrücken.

Allein aus der Wahl der Farben kann man sehr viel über die Stimmung des inneren Kindes sehen.

Lasse alle Gefühle zu, die dabei in dir aufsteigen, allen Schmerz, alle Trauer, alle Wut, allen Zorn. Verurteile dich nicht für die Gefühle, die in dir sind. Es ist in Ordnung, so wie es ist. Vielleicht wurdest du als kleines Kind bestraft, wenn du wütend warst und diese Wut deutlich zum Ausdruck gebracht hast. Daraus hat das kleine Kind geschlossen, daß es schlecht ist, seine negativen Gefühle zu zeigen und hat sich gefühlsmäßig gewissermaßen ausgeblendet. Du, als Erwachsener, warst dann gar nicht mehr fähig, deine Wut zu zeigen und hast den Zorn, der in dir aufstieg, sofort verdrängt. Nur daß die Energie der verdrängten Wut trotzdem in dir ist und sehr oft zu körperlichen Schäden führt. Darum ist es so wichtig, dem Kind zu gestatten, seine Gefühle auszudrücken. Vermittle ihm nur, das du es trotzdem liebst, ganz egal, welche Gefühle hier zutage treten. Es geht hierbei einzig und allein um die Heilung der Gefühle. Lasse dem Kind Zeit dafür. Es wird vielleicht nicht gleich bereit sein, dir beim ersten Mal genügend Vertrauen entgegenzubringen, um dir sein ganzes Gefühlsspektrum zu offenbaren. Solange wir die Wut in uns nicht heilen, wird sie vom inneren Kind, das dieses Gefühl uns gegenüber nicht direkt äußern kann, im allgemeinen auf andere Menschen projiziert. Denke immer daran, wenn du dein inneres Kind wirklich liebst und es dir vertrauen kann, wird es seine ganze Schönheit vor dir entfalten. Das Kind liebt dich. Freue dich mit ihm, daß ihr einander nun entdeckt habt und daß ihr gemeinsam den Weg eures Lebens weitergehen werdet, voller Liebe und Freude.

Das nicht geliebte innere Kind wird uns sonst immer wieder mit alten Angstmustern konfrontieren.

Viele von uns haben ihre Erlebnisse aus der Kindheit einfach verdrängt. Für diese Menschen gibt es kaum Erinnerungen aus ihrer Kindheit.

Ich möchte nun eine Meditation mit euch machen, bei der ihr die alten Erlebnisse anschauen könnt. Bittet eurer Hohes Selbst, euch nur die Erlebnisse zu zeigen, die ihr zum jetzigen Zeitpunkt verarbeiten könnt. Sprich dir am besten die Meditation wieder auf eine Kassette auf, damit du dich dann voll der Meditation widmen kannst.

Setze dich an einen ruhigen Platz, an dem du nicht gestört werden kannst und an dem du dich sicher und geborgen fühlst.

Stelle deine Füße nebeneinander auf den Boden, die Arme liegen locker im Schoß. Beginne nun wieder ganz sanft und gleichmäßig tief ein- und auszuatmen. Mit jedem Atemzug wirst du ruhiger und entspannter. Stelle dir nun vor, daß du in deinen Füßen dicke Wurzeln hast. Schicke jetzt diese Wurzeln tief und breit in die Erde hinein, damit sie sich ganz fest im Erdreich verankern können. Sei mit deinem Bewußtsein ganz in deinen Füßen und lasse mit jedem Atemzug die Wurzeln stärker werden. Fühle die Verbindung zur Erde.

Nun stelle dir bitte einmal vor, du gehst in ein großes und elegantes Lichtspieltheater. Es ist ganz allein für dich reserviert. Gehe hinein und setze dich dorthin, wo du möchtest. Dein Geistführer und dein Schutzengel sind bei dir. Du bist behütet und beschützt. Wisse, dein Hohes Selbst wird dir nur das zeigen, was im Augenblick für dich gut und richtig ist. Dir wird heute hier dein Lebensfilm gezeigt. Der Teil, der deine Kindheit betrifft.

Das Licht geht nun langsam aus, und der Film beginnt. Es erscheint zuerst dein Name. Dann siehst du dich als Säugling. Sieh dir genau an, wo du jetzt bist. Bist du in deinem Kinderzimmer in deiner Wiege? Welche anderen Personen sind hier anwesend? Wie fühlst du dich? Bist du ein glücklicher Säugling? Wie alt bist du jetzt? Achte genau auf deine Gefühle. Lasse dir ruhig Zeit dafür. Dann geht der Film langsam weiter. Du wirst ein Jahr alt. Sieh dich genau um. Wo bist du jetzt? Fühlst du dich wohl, oder fühlst du dich allein und unglücklich? Sieh dir auch die anderen Personen genau an, die an diesen Szenen beteiligt sind. Hast du das Gefühl, daß du geliebt wirst, oder gibt es vielleicht Geschwister, die vorgezogen werden? Gehe nun in deinem Film weiter, du bestimmst das Tempo. Du wirst zwei Jahre alt. Feiert man deinen Geburtstag? Bekommst du Geschenke? Wer ist alles anwesend? Sieh dir alles genau an, lasse dir Zeit. Darfst du deine Gefühle ausdrücken, oder wirst du möglicherweise bestraft, wenn du zornig bist? Gehe dann langsam weiter in dein viertes Lebensjahr hinein und schau dir alles genau an. Kommst du vielleicht in den Kindergarten? Wenn ja, wie fühlst du dich dort? Gehst du gerne hin, oder fühlst du dich alleingelassen oder abgeschoben? Hast du inzwischen noch andere Geschwister bekommen? Wenn ja, werden sie dir vorgezogen, fühlst du dich geliebt oder einsam? Welche Bezugspersonen gibt es deinem Leben? Wird dir ein gesundes Selbstbewußtsein vermittelt, oder gibt es Menschen in deinem Umfeld, die sagen, daß du etwas nicht kannst oder alles falsch machst? Schau genau hin. Diese Phase deines Lebens ist sehr wichtig für dich. Denn in dieser Phase geschieht es oftmals, daß das innere Kind sich in sich selbst zurückzieht, um nicht mehr verletzt zu werden. Wenn du dazu bereit bist, gehe in dein fünftes Lebensjahr hinein. Was hat sich hier in deinem Leben verändert? Bist du glücklich? Fühlst du dich einsam und verlassen? Welche Menschen in deinem Leben sind es, die dir Schmerz zugefügt haben? Hast du genügend Spielzeug? Hast du einen Teddybären, der dir allein gehört? Hast du vielleicht ein Tier zum Freund, eine Katze oder einen Hund? Wem kannst du deine Sorgen und Nöte anvertrauen? Wenn du einen Fehler machst, tadelt man dich dafür, oder hilft man dir? Nimm dir auch für diese Phase viel Zeit. Geh nun in dein sechstes Lebensjahr hinein. Hast du Geschwister, hast du Spielkameraden, oder bist du ein Einzelgänger? Ist es dir erlaubt, deine Gefühle ungehindert auszuleben? Welche Bezugspersonen sind hier für dich wichtig und richtungsweisend? Wie fühlst du dich hier?

Der Film geht dann langsam weiter, bis zu deiner Einschulung. Wie fühlst du dich hierbei? Gehst du gerne zur Schule? Schau genau hin, hast du eine Schultüte? Wie gefallen dir deine Lehrer? Hast du Angst vor ihnen, oder magst du sie und fühlst dich hier sicher? Wie sind deine Klassenkameraden zu dir? Gibt es welche, die dich nicht mögen, vor denen du vielleicht Angst hast? Schau dir auch die Pausen auf dem Schulhof an, gibt es dort möglicherweise ältere Schüler, die dir übel mitspielen? Schau dir alles genau an, auch deine Bezugspersonen. Stärken sie dein Selbstwertgefühl, oder untergraben sie es? Hier endet der Film nun für heute. Das Licht geht langsam wieder an. Auf der Bühne erscheint nun dein inneres Kind. Es hat dir so vieles zu sagen. Es hat aber noch Angst, sich dir auch wirklich anzuvertrauen. Gehe zu ihm hin und nimm es in deine Arme. Gib ihm deine ganze Liebe, zu der du im Augenblick fähig bist. Bitte es, dir zu sagen, was es am dringendsten braucht. Vielleicht Liebe oder Anerkennung oder auch Sicherheit und Geborgenheit. Sage ihm auch, daß du von nun an von und mit ihm lernen willst. Gib ihm das Gefühl, geborgen zu sein. Und dann löse dich langsam wieder aus dieser Meditation und komme zurück in den Raum, in dem du diese Meditation begonnen hast. Atme ein paarmal ganz tief ein und aus und komme mit jedem Atemzug wieder mehr und mehr in dein normales Tagesbewußtsein zurück. Recke dich und strecke dich. Nimm deine Hände hoch und schlage sie aus und sei wieder ganz im Hier und Jetzt.

Nun schreibe dir am besten gleich deine Erlebnisse auf, damit sie dir nicht verlorengehen. Wenn du diese erste Zeit deiner Kindheit aufgearbeitet hast, kannst du deine Kassette umsprechen und nun deine Schulzeit aufarbeiten. Verfahre hier genauso, nur daß du andere Zeiten ansprichst.

Wenn sich dir keine Bilder zeigen wollen, kann es durchaus sein, daß dein inneres Kind sich soweit zurückgezogen hat, daß es viel Zeit und Geduld braucht, um es dazu zu bewegen herauszukommen. Hier hilft dann oftmals die Einzelsitzung. Es ist auch immer hilfreich, ein Seminar zu besuchen zur Heilung des inneren Kindes.

Du kannst mich auch gerne anrufen, wenn du mit den Meditationen Schwierigkeiten hast.

Was auch immer du in deinen Meditationen gesehen hast, vergib den Menschen, die dich verletzt haben, und lasse es los. Jeder Mensch handelt nach seinem Bewußtsein. Auch unsere Eltern haben so gehandelt, wie sie nach ihrem damaligen Bewußtseinszustand handeln konnten. Wenn du dich einmal für die Kindheit deiner Eltern interessierst, so wirst du feststellen, daß sie oftmals so handelten, wie sie von ihren Eltern behandelt wurden. In früheren Zeiten, ihr Lieben, hat man über diese Dinge nicht soviel nachgedacht. Meine Eltern haben zum Beispiel zwei Weltkriege mitgemacht, mit Hungersnot und Angst ums nackte Überleben. Daß dies einen Menschen sehr stark prägt, dürfte wohl auf der Hand liegen. Meine Mutter wurde von ihrem Vater mit äußerster Strenge erzogen und hat dies mit mir genauso gemacht. Ich habe meinen Eltern schon vor langer Zeit vergeben. Wenn du auf diese Weise einmal deine Eltern betrachtest, wirst du ihnen mehr Verständnis entgegenbringen und auch leichter vergeben können.

Diese Vergebungsübung kann man auch noch mit Menschen machen, die bereits verstorben sind. Ich weiß aus meiner Erfahrung als Clearingtherapeutin, daß viele verstorbene Menschen nicht ins Licht gehen können und sich in der Aura ihrer Lieben festsetzen, weil sie die Vergebung des Menschen haben möchten. Wenn ihnen dann vergeben wird, ist es immer eine ungeheure Befreiung für die Beteiligten, und die Seele kann ins Licht gehen. Dort kam sie dann auf ihrem eigenen Entwicklungsweg voranschreiten. Und eines Tages, wenn sie dazu bereit ist, wird sie wieder neu inkarnieren.

So wünsche ich euch allen, die ihr dieses Buch lest, viel Freude bei der Arbeit mit eurem inneren Kind. Ihr werdet sehen, wie schnell ihr mehr Freude erleben könnt, wie ihr das Leben mit ganz anderen Augen betrachten werdet.

Eine weitere sehr hilfreiche Übung, um mit sich selbst und seinem inneren Kind zu arbeiten, ist die Spiegelübung. Stellt oder setzt euch einmal vor einen Spiegel, seht euch in die Augen und sagt euch: Ich liebe dich. Es kann sein, daß mancherlei negative Gedanken in euch hochkommen. Notiert sie euch am besten gleich, damit ihr später damit arbeiten könnt. Es wird bei den meisten wohl eine Weile dauern, bis sie das wirklich aus tiefstem Herzen sagen können. Es macht nichts, wenn es nicht gleich klappen sollte, fahrt trotzdem mit dieser Übung fort. Manche werden möglicherweise an der Übung zweifeln. Macht trotzdem weiter, die negativen Aspekte kommen aus dem Ego, das euch davon abhalten möchte. Denn wenn ihr euch liebt, ist das Ego in Panik. Es fühlt sein System bedroht. Die Folge davon ist, daß es euch mit ganz logisch erscheinenden Argumenten vom spirituellen Weg abzubringen versucht.

Liebe ist bedingungslos. Ihr braucht euch in keiner Weise zu verändern, um euch lieben zu können. Bittet auch hier vor dem Spiegel das innere Kind, euch zu sagen, was es von euch möchte. Laßt es euch all seine so lange aufgestauten Gefühle mitteilen, damit ihr ihm dann die entsprechende Sicherheit und Geborgenheit geben könnt. Wenn das Kind von euch geliebt wird, kann es damit aufhören, es allen Menschen recht machen zu wollen, was ohnehin niemand kann. Schon das alte Sprichwort sagt: „Es recht zu machen jedermann ist eine Kunst, die niemand kann." In diesen alten Sprichwörtern liegt oft so unendlich viel Weisheit. Bekommt das Kind von euch die Liebe, die es sich wünscht, werdet ihr auch eure ständigen Schuldgefühle abbauen können und euch nicht mehr kritisieren, wenn ihr etwas nicht richtig gemacht habt. Es findet eine Heilung und Befreiung auf allen Ebenen statt. Versuche kontinuierlich, dein inneres Kind kennenzulernen, umsorge es, wie du es bei deinen leiblichen Kindern ja auch tust. Vor allem, lasse dein Kind nicht wieder im Stich.

Mißachte nicht länger die Bedürfnisse deines inneren Kindes.

Tritt heraus aus dem Muster deiner Eltern und Großeltern. Lasse die alten Muster der Kirchen von Schuld und Strafe los. Was wirklich zählt, ist nur die Liebe. Immer dann, wenn du dein kleines Kind im Stich läßt, wirst du unglücklich sein und andere Menschen für deine Schmerzen verantwortlich machen.

Unglücklichsein und negative Gedanken schwächen das Immunsystem, was wiederum zu Krankheiten führt. Krankheit spiegelt immer das Ego wieder. Wenn wir aber im Hohen Selbst sind, so wissen wir, daß unser inneres Kind zuallererst Liebe braucht. Sage deinem Kind, wie unendlich wertvoll es ist. Du bist nicht für die Gefühle anderer Menschen verantwortlich und sie nicht für deine, auch wenn man dir das in der Kindheit anders vermittelt hat. Wenn du und dein Kind den inneren Wert erkannt habt, seid ihr nicht mehr abhängig davon, daß andere Menschen ständig euren Wert bezeugen. Ihr fühlt euch aus euch selber wertvoll. Das bedeutet Freiheit.

Ich möchte mit Euch das wunderbare Gedicht von Hermann Hesse teilen.

STUFEN

Wie jede Blüte welkt und jede Jugend
Dem Alter weicht, blüht jede Lebensstufe,
Blüht jede Weisheit auch und jede Tugend
Zu ihrer Zeit und darf nicht ewig dauern.

Es muß das Herz bei jedem Lebensrufe
Bereit zum Abschied sein und Neubeginne,
Um sich in Tapferkeit und ohne Trauern
In neue, andre Bindungen zu geben.
Und jedem Anfang wohnt ein Zauber inne,
Der uns beschützt und der uns hilft zu leben.

Wir sollen heiter Raum um Raum durchschreiten
An keinem wie an einer Heimat hängen;
Der Weltgeist will nicht fesseln uns und engen;
Er will uns Stuf' um Stufe heben, weiten.

Kaum sind wir heimisch einem Lebenskreise
Und traulich eingewohnt, so droht Erschlaffen;
Nur wer bereit zu Aufbruch ist und Reise,
Mag lähmender Gewöhnung sich entraffen.

Es wird vielleicht auch noch die Todesstunde
Uns neuen Räumen jung entgegensenden;
Des Lebens Ruf an uns wird niemals enden.
Wohlan denn, Herz, nimm Abschied und gesunde.

ICH BIN DER ICH BIN

„Ich bin, der Ich bin, ich bin der Lenker des Universums. Ich bin die Liebe in deinem Herzen, ich bin die Weisheit in dir , ich bin die unendliche Kraft in dir. Wir sind eins, wir waren eins und werden immer eins sein. Ich liebe alle meine Kinder gleich, habe ich euch doch alle vollkommen geschaffen. Ich sehe alle Seelen nur vollkommen, und meine Liebe ist euch stets gewiß. Wo immer ihr auch hingehen mögt, ich gehe mit euch.

Ich verlasse euch nie, auch wenn ihr mich oft verleugnet und meine Liebe in euch nicht sehen könnt. So erwacht, meine geliebten Kinder und werdet euch des ICH BIN in euch bewußt. Diese Kraft, mit Weisheit und Liebe angewendet, kann alles wandeln.

Laßt ab von euren Ängsten und übt euch im Glauben und Vertrauen. Ich bin die alles aktivierende Kraft, ohne die nichts existieren kann. Ich blühe in jeder Blume, ich leuchte in jedem Stern, ich bin in jedem Tautropfen ebenso wie im Meer der Unendlichkeit. In jedem Tier drücke ich meine Liebe aus. Durch euch, ihr Menschenkinder, möchte ich meine ganze Herrlichkeit ausdrücken, aber ich brauche dazu euer Einverständnis. Ich gab euch den freien Willen und ich werde niemals in ihn eingreifen.

Ich warte geduldig, bis ihr bereit seid, mich auszudrücken. Jeder von euch kann so unendlich viel zur Entwicklung und Heilung der Menschheit beitragen. Ich brauche euch, und ihr braucht mich. Meine Kraft, die Kraft des ICH BIN, ist die größte Kraft überhaupt. Wendet sie immer nur zum Wohle aller Menschen an, nie zu egoistischen Zwecken. So stärkt euer Vertrauen in mich und in euch, denn wir sind eins bis in alle Ewigkeit.

Amen."

ICH BIN die „Gegenwart", das Ewig-Eine
ICH BIN der göttliche Ursprung - die große Zentralsonne:
ICH BIN der Atem der Liebe, der Herzschlag des Lichtes,
ICH BIN die Kraft in Weisheit und Macht.
ICH BIN der Seher, das All-Sehende Auge,
ICH BIN das Sonnenlicht, die Erde und der Himmel,
ICH BIN der Berg, das Meer, der Strom,
ICH BIN das Flimmern im hellen Schimmer des Morgens.
ICH BIN der Segen in Engeln und in der Liebe,
ICH BIN das Leben, das in mir, um mich, über mich flutet;
ICH BIN die Herrlichkeit, die alles in mir einst trug,
ICH BIN der Lichtstrahl, der die Menschen befreit.
ICH BIN das EINE Herz, das jeden Ruf vernimmt,
ICH BIN das Lichtheer, das allen Antwort gibt.
ICH BIN das Zepter der liebenden Kraft des Lichtes,
ICH BIN der Meister jedes Augenblicks und jeder Stunde.
ICH BIN die Sphären und jedes Lied, das sie singen,
ICH BIN das Herz der Schöpfung und ihrer Schwingen.
ICH BIN jede Form, und nie sind zwei genau gleich.
ICH BIN das Wesen, der Wille und die Flamme.
ICH BIN Ich Selbst, alles Wesen und auch DU -
ICH BIN die göttliche Gegenwart, das Gott-Selbst im Durchbruch.

Medium unbekannt

Ich erinnere mich noch genau, wann ich die Stimme Gottes das erste Mal hörte. Es war 1989 in Südafrika, wo ich damals eine Ausbildung zum Medium machte. Ich besuchte eines Tages die Cangocaves in Outshorn, eine einmalig schöne Tropfsteinhöhle mit unglaublichen Steinformationen.

In dieser Höhle hörte ich nun ganz laut die Stimme: „Ich BIN der ICH BIN."

Ich glaubte zunächst, es sei die Einwirkung der Höhle, ich glaubte an einen Höhlenkoller. Nachdem die Botschaft sich noch zweimal wiederholte, konnte ich sie nicht mehr mißverstehen. Ich werde diesen Augenblick nie wieder vergessen.

Das zweite Mal hörte ich die Stimme Gottes in Kapstadt am Kap der guten Hoffnung. Plötzlich war ein Regenbogen am Himmel und ich hörte wieder die laute Stimme Gottes: „ICH BIN der ICH BIN!" Auch diesen Augenblick werde ich immer in meinem Herzen behalten. Es war wie ein Zeichen, das Gott mir gab.

Durch meine Seminare sind heute viele Menschen in der Lage die Botschaft Gottes zu hören.

Ich möchte hier eine Gottesbotschaft mit euch teilen, die Ernst Grünwald, nach einem ICH BIN-Seminar bei mir, bekommen hat. Sein Geistführer, Franz von Assisi, gab ihm den Auftrag, 50 seiner schönsten Fotos zusammenzustellen und sie mit entsprechenden ICH BIN-Meditationen zu versehen. Hier ist die Einleitung seines Buches.

ICH BIN.

ICH BIN die Kraft des Entstehens. ICH BIN die Schöpfung.

Auch du bist ICH BIN, denn wir sind eins.

Meine Kraft ist in dir, und sie ist größer als deine.

Nur bedenke: Mein Bewußtsein ist ungeteilt.

ICH BIN ohne Umschweife, ICH BIN die Gesamtheit des Universums, jederzeit.

Das heißt aber nicht, daß Ich der Meister deines Seins bin.

Aber ICH BIN dein ICH BIN.

Träume nicht länger den Traum deiner Einsamkeit,
des Alleinseins, der Machtlosigkeit.

Du kannst alles sein, was du bist, jenseits der Möglichkeiten
deiner irdischen Träume.

Es bedarf nur eines kleinen Schrittes, aber gehe ihn ganz.

Laß das „ich will" hinter dir und tritt ein ins ICH BIN.

Diese Worte öffnen das goldene Tor der Hingabe und des Vertrauens.

Wenn du über diese Schwelle schreitest, wirst du deine größte Kraft entdecken:

Das Sein im Zustand der Liebe.

Liebe kannst du nicht wollen, Liebe kannst du nur sein.

Was immer du in Liebe tust, wird niemals falsch sein, denn es geschieht in Meinem Namen.

So überprüfe deine Wünsche,
auch wenn du sie mit dem Bild des Herzens geschmückt hast.

Aber verurteile dich nicht, wenn du denkst,
daß du das Licht nicht mehr siehst.

Was deinen Augen entgeht, lebt in deinem Herzen.
Hier bist du mit Mir und all deinen Gefährten verbunden.
Und hieraus entsteht die Kraft des wirklichen Lebens,
ohne die Kraft der kleinlichen Überzeugungen,
von denen du denkst, daß sie deiner Existenz Sicherheit geben.
Ich sage dir: Lebe!
Lebe mit deiner ganzen Kraft, mit deinem ganzen Herzen,
mit deiner ganzen Freude und deiner ganzen Liebe.
Gib dich nicht mit kleinen Taten und kühnen Träumen zufrieden.
ICH BIN die Wirklichkeit, in der du alles bist, was ein Kind Gottes ist:
Verbundensein mit der Schöpfung.
So öffne dein Herz und sage: ICH BIN ...

ICH BIN

Eines Tages bekam ich von meinem Geistführer den Auftrag, doch ein Seminar zu geben mit dem Titel: ICH BIN. Wir sollten nun lernen, die in uns wohnende Gotteskraft auch anzuwenden. Die meisten von uns konnten zu dem Zeitpunkt auch bereits die Stimme Gottes hören.

Die Geistige Welt machte uns klar, daß es in der heutigen Zeit wichtig sei, unser Essen zu neutralisieren und alle Schadstoffe daraus zu entfernen. Es ist auch sehr wichtig und hilfreich, sein Haus, seine Wohnung, ja sein gesamtes Eigentum zu schützen, und natürlich auch sich selbst.

Und so begannen wir, mit der Gotteskraft zu arbeiten. Vor allem ist es notwendig, diese Kraft in sich zunächst einmal anzuerkennen, um sie praktizieren zu können.

Wenn man sie einmal erfahren hat, und das tun alle Seminarteilnehmer, dann kann man sie überall anwenden.

Machen wir uns noch einmal klar, daß wir alles Wissen, alle Weisheit des Universums in uns haben.Wir sind eins mit Gott, und Gott ist reiner Geist, der in uns lebt und der darauf wartet, daß wir ihn im Außen ausdrücken.

Ich habe es mir zur Lebensaufgabe gemacht, die Menschen zu ihrer göttlichen Quelle, zu Gott zurückzuführen. Dahin führt allerdings nur ein Weg, und das ist die Liebe. Wir müssen zunächst damit beginnen, uns selbst zu lieben, und zwar so, wie wir gerade sind. Die meisten Menschen glauben, sie müssen sich erst wer weiß wie verändern, um sich lieben zu können. Nein, wir müssen jetzt damit beginnen, hier und heute. Wir müssen uns lieben, trotz unserer Fehler und Schwächen, denn sie sind es, wenn wir an ihnen arbeiten, die uns weiterbringen.

Jesus sagte schon damals: „Liebe deinen Nächsten wie dich selbst!" Und er sagt es auch heute noch, wieder und wieder. Und er wird es so lange sagen, bis der letzte von uns es gelernt hat. Jesus ist unser Bruder, der uns über alles liebt und nichts weiter möchte, als uns helfen. Nehmen wir die Hilfe an und lernen wir von ihm.

Gott lieben bedeutet aber auch, unseren Bruder lieben. Wir sind alle miteinander verbunden, durch den Christusaspekt in uns, und wenn wir einen unserer Brüder ausschließen, so lieben wir Gott nicht.

Wenn wir an den Christus, den Sohnaspekt Gottes, welcher ist die reine Liebe, glauben, können wir alle Werke, die Jesus damals tat, auch heute tun. Er sagte doch: „Alle Dinge, die ich tue, werdet ihr auch tun, und noch größere Dinge werdet ihr tun."

Wichtig ist, daß wir diese Dinge wissen und sie fest in unser Leben integrieren. Und hier ist der springende Punkt, daß wir unsere Göttlichkeit allzu oft wieder vergessen.

Die Geistige Welt hat schon oft gesagt: „Wir haben euch so viel Material an die Hand gegeben, nur ihr vergeßt immer wieder, es anzuwenden."

Wenn wir wahrhaft in Gott ruhen, hat alle Angst ein Ende, denn in Gott gibt es nichts zu fürchten. Hier ist das Ende von allem Leid. Wir sind wie kleine Kinder, die sich nach Hause sehnen und die so viele Reisen unternehmen, um nach Hause zu kommen. Wir haben vergessen, daß wir nur in Gott wirklich zu Hause sind, und Gott ist in uns. Wir brauchen nicht nach Indien oder Tibet zu reisen, um Gott zu finden. Wir brauchen nur nach innen zu gehen und uns unserer göttlichen Quelle zuwenden; stattdessen versuchen wir, Gott im Außen zu finden.

Hier, in unserem eigenen Innern, finden wir auch unsere Freude, die so vielen in der heutigen Zeit verlorengegangen ist.

Stellt euch einmal morgens vor den Spiegel und sagt: „ICH BIN FREUDE, ICH BIN FREUDE, ICH BIN FREUDE.“

Zunächst kommt ihr euch möglicherweise albern dabei vor, weil das Ego so viele Gründe, die ganz logisch erscheinen, vorbringen wird, warum ihr gerade heute keine Freude haben könnt. Aber bleibt bei der Übung und zwar so lange, bis ihr die Freude in euch auch wirklich fühlt.

Ihr könnt die Übung auch ausdehnen, indem ihr sagt: „ICH BIN LIEBE.“

Und dann spürt die Liebe in Euch und dehnt sie auf alles aus, auf alle Menschen, auf alle Tieren, auf die Pflanzen, ja auf das ganze Universum.

Dann könnt ihr zum Abschluß die Übung machen: „ICH BIN KRAFT.“

Und ihr werdet die Kraft spüren, die in euch ist. Probiert es aus, und ihr werdet feststellen, daß euer Tag ganz anders beginnt und verläuft. – Ihr könnt zu jeder Zeit mit Gott sprechen, wie mit einem Freund. White Eagle sagte einmal:

„Beten ist sprechen mit Gott, Meditation ist hören auf Gott.“

Darum ist auch das regelmäßige Meditieren so wichtig, weil wir dabei mit Gott hören können.

Hier möchte ich nun eine Meditation mit dir teilen, die zeigt, wie du mit deinem Hohen Selbst, mit deinem göttlichen Teil am besten in Verbindung treten kannst. Am besten sprichst du diese Meditation wieder auf eine Kassette auf.

Nimm dir wieder eine Zeit, wo du sicher bist, daß du nicht gestört wirst. Setze dich in einen Raum, der dir das Gefühl der Geborgenheit vermittelt. Nun setze dich wieder gerade hin, die Beine stehen nebeneinander auf dem Boden, die Arme liegen locker im Schoß.

Beginne nun wieder ganz langsam und entspannt ein- und auszuatmen, so wie es dir gerade angenehm ist. Ganz entspannt ein- und ausatmen. Du entspannst dich mit jedem Atemzug mehr und mehr, indem du beim Ausatmen alles losläßt, was dich belastet hat. Atme es einfach aus und fühle, wie du in eine immer größere Ruhe hineinkommst. Stelle dir nun vor, daß du in deinen Füßen dicke Wurzeln hast und schicke diese Wurzeln dann tief und breit in die Erde hinein. Stell dir vor, du bist ein Baum, der seine Wurzeln tief und breit in die Erde hineinversenkt. Sei mit deinem Bewußtsein ganz in deinen Füßen und lasse mit jedem Atemzug die Wurzeln stärker werden. Spüre richtig die Verbindung zur Erde. Beginne nun, deine Füße zu entspannen, lasse alles ganz locker werden. Entspanne deine Wadenmuskulatur, lasse sie ganz weich und locker werden. Entspanne deine Knie, ganz locker lassen. Entspanne nun deine Oberschenkel und die Hüften, alles wird weich und entspannt.

Entspanne nun deinen ganzen Bauchraum, lasse alles los, was dort zu Spannungen geführt hat. Einfach locker lassen. Sende deinem Solarplexus Licht und Ruhe, damit er sich ganz entspannen kann und alle

Nervosität daraus entweicht. Entspanne nun deinen Oberkörper. Entspanne deine Schultern und deine Arme, lasse einfach alle Muskeln und Sehnen los. Lasse alles ganz frei und leicht werden. Sorge nun dafür, daß sich dein Hals und dein Nacken ganz entspannt, ganz locker lassen. Entspanne deine Kiefermuskulatur und deinen Kopf. Nun, da du ganz entspannt bist, beruhige noch deine Gedanken. Wenn welche auftauchen, lasse sie ganz einfach wieder ziehen. Lasse sie sich auflösen, wie der Nebel in der Sonne.

Stelle dir nun einmal vor, du bist in einer wunderschönen, blühenden Landschaft. Die Sonne scheint, und es ist angenehm warm. Du bist ganz gelöst und entspannt. In dieser Landschaft herrscht ein tiefer Frieden, der sich jetzt auch auf dein Inneres ausdehnt. In der Ferne siehst du eine große Pyramide, die auf einem Berg steht, zu der viele Stufen nach oben führen. Dein Geistführer und dein Schutzengel warten am Fuße dieser Treppe auf dich, um den Weg mit dir gemeinsam zu gehen, den Weg zu deinem Hohen Selbst, das du oben auf dem Berg finden wirst. Gehe nun langsam, Stufe für Stufe hinauf, bis du zu einem Plateau kommst. Auf diesem ersten Plateau findest du den Eremiten, der hier auf dich gewartet hat. Er begrüßt dich liebevoll und wird dir nun sagen, was wichtig für dich ist. Er wird dir sagen, an welchem alten Muster du arbeiten solltest, das dich hindert, mit deinem Hohen Selbst in Verbindung zu treten. Laß dir Zeit und wisse, der Eremit ist dein weiser Lehrer und Berater, der dir helfen will.

Wenn du dazu bereit bist, steige weiter in Begleitung deines Geistführes und deines Schutzengels die Treppe zur Pyramide nach oben.

Bleibe auf dem nächsten Plateau noch einmal stehen. Hier findest du eine große Schale mit einem violetten Feuer. Es ist das Feuer der

Transformation, das nicht brennt, aber alles transformiert, was man ihm übergibt. Ein Engel steht daneben und bittet dich, einmal all deine alten Muster über Gott, all deine Ängste in bezug auf Gott hier hineinzuwerfen. Sei ohne Sorge, du wirst beraten und dir wird geholfen. Dein Geistführer kennt all deine unbewußten Ängste. Wirf sie nun eine nach der anderen hier hinein und bitte um Transformation. Fühle auch, wie du mit jeder Angst, die du dort hineinwirfst, freier und gelöster bist. Wenn du all deine Ängste dem violetten Feuer übergeben hast, gehe einfach weiter die Treppe hinauf. Auf dem letzten Plateau kommst du an ein großes goldenes Tor, das aber noch verschlossen ist.

Schaue dir das Tor erst einmal genau an. Ist es ganz schlicht, oder ist es ziseliert? Nun öffnet sich das Tor ganz langsam, und du gehst hindurch. Du trittst ein ins Licht, dorthin, wo du zu Hause bist. Dein Hohes Selbst umfängt dich nun mit all seiner Liebe. Hier ist der Ort, wo die Seele ihrem Gott begegnen kann. Hier ist dein wahres Sein, deine göttliche Quelle. Sieh dieses Licht um dich herum, das bist du. Spüre diese unendliche Liebe, auch das bist du. Dehne diese Liebe nun auf alles aus, was ist. Sende diese Liebe zu all denen, mit denen du nicht im Gleichklang bist und sei dir gewiß, es wird sich so positiv auswirken. Wisse auch, hier in deinem Hohen Selbst ist alle Weisheit und unendliche Kraft. Hier ist die wahre Glückseligkeit. Spüre nun diese unendliche Freude in dir.

Nimm dir Zeit. Höre nun die Botschaft, die Gott dir geben möchte, die wichtig ist für deine Entwicklung, die dir hilft, auf deinem spirituellen Weg weiterzugehen. Höre nun die Stimme Gottes, die jetzt zu dir spricht.

Verabschiede dich nun langsam wieder und wisse, du kannst jederzeit wieder hierherkommen. Wenn du jetzt zurückgehst, nimm die Liebe und die Freude mit, hinein in deinen Alltag, in deine Familie, in deinen Beruf. Wisse, du bist zu allen Zeiten Gottes geliebtes Kind.
Gehe nun langsam die Stufen des Berges wieder hinunter. Dein Geistführer und dein Schutzengel sind bei dir. Nimm dir Zeit für den Weg zurück. Wenn du wieder am Fuße des Berges angekommen bist, dann sieh dich noch ein wenig um und genieße die Landschaft.
Atme nun tief ein und aus. Ganz tief ein- und ausatmen. Mit jedem Atemzug kommst du wieder mehr und mehr in dein normales Tagesbewußtsein zurück. Recke dich und strecke dich. Nimm deine Arme ganz hoch und schlage sie aus und sei wieder ganz im Hier und Jetzt. Du bist hellwach und fühlst dich ganz wohl.

Schreibe dir nun zuerst das Erlebte und die Botschaften auf, damit sie dir nicht verlorengehen.

Wenn du die Meditation auf Kassette aufnimmst, achte darauf, daß du zwischen den Handlungen genügend Zeit für dein eigenes Erleben läßt..

Solltest du keine Botschaften bekommen haben, sei nicht traurig oder entmutigt, genieße einfach den Frieden, der in dir ist. Du kannst die Meditation ja wiederholen. Sei geduldig mit dir, und glaube bitte nicht, daß du es nicht kannst. Oftmals bedarf es ein wenig der Übung. Wenn du keinen Erfolg damit hast, kannst du mich auch gerne anrufen.

So laßt uns mit Gott in Kommunikation treten.

Vor allem aber sind wir uns seiner Liebe allezeit bewußt. Gott schließt keines seiner Kinder aus, er liebt uns immer gleich, ganz egal, wer wir sind und was wir tun. Seine Liebe ist nicht an unser Verhalten gebunden.

„Meine geliebten Kinder, ich bitte euch, erinnert euch an eure Göttlichkeit. Seid euch des Einsseins mit mir stets bewußt. Dann gibt es nichts zu fürchten. Wenn ein Problem in eurem Leben auftaucht, wendet euch augenblicklich nach innen, kommt zu mir, ich werde euch helfen. Da ich, in meiner unendlichen Liebe zu euch, euch den freien Willen gab, werde ich niemals in diesen freien Willen eingreifen. So bedarf es eurer Hinwendung, und euch wird augenblicklich Hilfe zuteil. Nicht immer, so wie ihr es euch wünscht, aber immer zu eurem Besten. Vertraut darauf, baut darauf, nehmt meine Hilfe in Anspruch. Glaubt doch nicht, immer alles allein tun zu müssen. Ich gab euch meine Boten, eure Geistführer, an eure Seite, damit sie euch bei eurem spirituellen Wachstum helfen. Sie sind aber auch in jeder anderen Situation liebend und hilfreich an eurer Seite. Aber auch sie dürfen nie in euren freien Willen eingreifen.

Wenn Ängste euch das Leben schwer machen, so kommt damit zu mir, damit ihr mit meiner Hilfe wieder in den Frieden kommt. Ich möchte zu euch sprechen, aber ihr hört mich zumeist nicht, weil ihr zu sehr im Lärm des Alltags gefangen seid. Auch haben viele von euch Angst vor der Stille und fliehen sie geradezu. Und seht ihr, hier ist doch der Weg, den jede Seele irgendwann gehen wird. Ihr alle werdet eines Tages wieder ganz mit mir vereint sein, und dies ist das Ende allen Leides. Ich segne euch mit meiner Liebe, gebt sie weiter an eure Brüder und Schwestern.

ICH BIN der ICH BIN.“

Wir sollten es ganz tief in unserem Bewußtsein verankern, daß Gott uns niemals verurteilt, und darum ist es auch so wichtig, daß wir aufhören, uns ständig zu verurteilen. Wir sind allzu leicht bereit, uns und andere zu kritisieren, wie wir und andere aussehen, was wir sagen, was wir tun.

Bevor wir die Gotteskraft richtig anwenden können, müssen wir unser Gottesbild erneut überprüfen. Uns wurde durch Jahrtausende hindurch gelehrt, daß Gott ein strafender Vater ist, der das eine Kind bestraft und andere Kinder belohnt. Jesus gab uns zwar zu seiner Zeit, hier auf der Erde, bereits ein anderes Gottesverständnis. Und doch haben viele immer wieder geglaubt und auch gelehrt, daß er außerhalb von uns, irgendwo im Himmel, aber doch für uns meist nicht erreichbar, ist.

Gott, ihr Lieben, ist reiner Geist, und dieser Geist ist in allem, was ist. Er ist vor allem in uns. Gott ist das Licht in jedem Menschen, das sich im Außen ausdrücken möchte. Wir alle sind Lichtboten und Lichtträger, die sich zu dieser Zeit inkarniert haben, um der Welt das Licht zu bringen, damit es heller werde in der Welt.

Je mehr wir uns mit dem göttlichen Licht in uns vereinen können und uns von ihm führen lassen, desto leichter fällt es uns, all unsere Aufgaben zu erfüllen.

Ein Leben ohne Gott bedeutet Kampf und Schmerz, ein Leben mit Gott ist Liebe und Freude.

Nutzt die Kraft des ICH BIN in euch.

Und je mehr wir uns unseres göttlichen Geistes, des ICH BIN in uns bewußt werden, desto schöner und großartiger wird unser Leben sein.

Damit wir Gott jederzeit ausdrücken können, ist es notwendig, den Christus in jedem Angesicht zu sehen. Jeder Mensch ist Liebe, ob er sich dessen bewußt ist oder nicht. Es ist das größte, was ihr für einen anderen Menschen tun könnt, ihm zu zeigen, daß er göttlich ist, daß er Liebe ist.

Durch diese Liebe in uns sind wir mit allem, was da ist, verbunden. Und diese Liebe ist Gott ins uns. Sie heilt alles, sie löst jedes Problem, sie ist voller Freude und Frieden. So laßt uns die Macht der Liebe spüren, und sie wird unermeßlichen Reichtum über uns ausschütten.

Nur in Gott finden wir den wahren Frieden. Laßt uns dankbar sein, daß wir diesen Frieden, diese Liebe in uns haben. Und laßt sie uns auf alles ausdehnen.

Wir alle müssen lernen, mehr in die Stille zu gehen. Dazu muß man sich nicht von anderen Menschen absondern. Wir können zu jeder Zeit in die Stille gehen, wenn wir unser Gedankenkarusell anhalten und den ruhigen Ort in unserem Bewußtsein aufsuchen, wo die Seele ihrem Gott begegnen kann.

Es wäre schön, wenn wir alle täglich das Licht und die Liebe Gottes aussenden würden. Auch wenn es nur ein paar Minuten täglich sind, so werden sie doch die Welt verändern.

Setzt euch einfach still hin. Schließt eure Augen und beobachtet eine Weile euren Atem. Atmet die Liebe Gottes ein und den Frieden Gottes aus. Mit jedem Einatmen atme die Liebe Gottes ein, und mit jedem Ausatmen atme den Frieden Gottes aus. Dann stellt euch vor, daß etwa 30 cm über eurem Kopf, dem sogenannten transpersonellen Punkt, eine weiße Christussonne leuchtet. Atmet dieses Licht der Liebe, dieses Christuslicht, ein und schickt es mit dem Ausatmen durch euren Solarplexus, der oberhalb des Nabels liegt, wieder hinaus. Stellt euch dabei vor, wie ihr zunächst den Raum, in dem ihr seid, damit erhellt, dann dehnt das Licht aus über das ganze Haus, die ganze Stadt, das ganze Land, den Erdteil und schließlich über das ganze Universum und bittet die Engel des Lichtes, das Licht dorthin zu bringen, wo es gebraucht wird. Die Entfernung spielt für das Licht keinerlei Rolle.

Wenn ihr von einem Menschen wißt, daß er sehr depressiv ist, so sendet ihm Licht, daß es in ihm wieder scheinen möge. Euer Licht kann das Licht in ihm wieder erwecken. Stellt euch den Menschen ganz im Lichterglanze vor und seht ihn voller Freude und Liebe.

Wenn ihr in den Nachrichten oder in der Zeitung von Krieg und Gewalt hört, so regt euch nicht unnötig darüber auf, sonst bringt ihr noch mehr negative Energie in den Kosmos hinein, sondern setzt euch einen Moment still hin und bittet für die Menschen um Hilfe und Erkenntnis und sendet Licht dorthin. Seht ihr, das ist euer Beitrag, den ihr zur Verbesserung des Weltbewußtseins leisten könnt. Jesus sagte am Kreuz: „Vater, vergib ihnen, denn sie wissen nicht, was sie tun."

Laßt uns auch so verfahren.

Laßt uns den Bruder segnen mit der Liebe Gottes, die wir mit ihm teilen, die unser beider Erbe ist. So entsteht Heilung, so entstehen Wunder der Liebe.

Je mehr wir die göttliche Kraft, den göttlichen Geist in uns anerkennen und erfahren, desto freudiger wird unser Leben sein, desto sicherer wird unser Leben sein. Wir können alles erschaffen, was wir möchten, mit der Kraft Gottes in uns. Sie ist in uns, uns mit Liebe zum Gebrauch gegeben. Liebe ist die größte Heilkraft der Welt. Mit dieser Liebe kannst du deine Brüder und Schwestern segnen, und wirst somit zum Segen für die Welt. Wenn du mit anderen Menschen sprichst, so lasse dein Hohes Selbst durch dich sprechen. Lerne in Liebe zu kommunizieren. Indem du die Liebe ausdrückst und das Christuslicht aussendest, wirst du zum Christus. Eines Tages wird jede Seele in der Lage sein, dies zu tun.

Laßt uns diese Liebe und diese Schönheit in uns leben. Jeder von uns ist wunderschön und einzigartig, und wenn einer von uns zerstört würde, wäre Gott nicht mehr vollkommen. Wir aber leben ewig, wir wechseln nur die verschiedenen Ebenen, bis auch das eines Tages für uns überflüssig wird, denn wir sind unserem wahren Wesen nach unsterblich. Nur hat man uns über Jahrtausende beigebracht, daß wir alt werden und sterben müssen. Das sind hypnotische Muster der Vergangenheit, und wir sollten uns davon befreien. Je eher wir dies tun, desto besser.

Je mehr wir unseren Blick auf die Sonnenseite des Lebens gerichtet halten, desto schöner wird unser Leben. Wenn wir Gedanken der Liebe und Freude aussenden, kommt Liebe und Freude in unser Herz zurück.

Es gibt immer Zeiten, in denen es keine Entwicklung zu geben scheint, in denen du die Veränderungen, die stattfinden, nicht wahrnimmst. Doch plötzlich erkennst du, daß du einen riesigen Entwicklungsschritt gemacht hast, ohne es überhaupt zu merken. Zu anderen Zeiten siehst du die Veränderungen vor deinen Augen ablaufen. Auch Schwierigkeiten sollten von dir willkommen geheißen werden, denn sie sind Stufen auf deiner Entwicklungsleiter. Gehe ständig und kontinuierlich voran. Sei stets guten Mutes und wisse, du mußt den Weg nie allein gehen, Gott geht den Weg immer mit dir, auch wenn du es nicht immer wahrnimmst. Auch deine Geistführer sind stets an deiner Seite, um dir zu helfen.

Du hast die Freiheit zu wählen. Je freier du dich fühlst, in desto größere spirituelle Höhen kannst du dich emporschwingen. Oftmals fühlst du dich wie ein Vogel, der in einem Käfig gefangen ist, im Käfig deiner Ängste. Dann flatterst du in deinem Käfig herum und siehst nicht, daß die Tür offensteht und du dich nur in die Lüfte erheben und deine Flügel ausbreiten brauchst, um in die Höhe zu fliegen. Erkenne, du bist nicht in deinen Ängsten gefangen, sondern du hast die Wahl .

Alle Menschen sind frei, nur schränken sich die meisten von ihnen ein und sind in der Vergangenheit verhaftet. So nimm deine Freiheit jetzt an und schaffe dein Leben so, wie du es haben willst. Du bist der Schöpfer deines Lebens! Du bist das Licht, das in die Welt gekommen ist, um die Dunkelheit zu erhellen. Es ist dein göttlicher Teil in dir, der alle Dinge tun kann. „Ich kann nichts aus mir selber tun, es ist der Vater in mir, der alle Dinge tut“, sagte Jesus.

Gott:

„Meine geliebten Kinder,
ich möchte, daß ihr wißt, daß ihr immer in mir geborgen seid. Ihr seid wie verängstigte kleine Kinder, die bald hierhin, bald dorthin laufen, um das Glück zu finden. Warum sucht ihr es nicht in euch selbst?

In euch ist alles Glück des Universums, ihr müßt es nur zulassen. Aber es bedarf des rechten Wollens, des stetigen Wollens und Tuns. Oftmals seid ihr schnell begeistert von einem Weg, doch bald habt ihr das Interesse daran verloren, oder es macht euch zuviel Mühe, kostet zuviel Zeit.

Wenn ihr die höchsten Höhen erklimmen wollt, müßt ihr beginnen, langsam aber stetig aufwärtszusteigen. Manchmal ist eine kurze Rast sinnvoll, solange ihr nicht vergeßt, daß ihr aufwärts steigen wollt.

Haltet den Blick auf die Sonne gerichtet. Die Sonne in eurem Herzen, und dann geht fröhlich euren Weg, gemeinsam mit mir.

Bedenkt auch, daß ihr euch euer spirituelles Heim auf der Erde baut, durch eure Gedanken, Worte und Taten. Laßt sie voller Liebe sein, denn nur die Liebe zu leben ist spirituelle Entwicklung.

Beginnt damit, euch zu lieben, täglich aufs neue.

Die Vergangenheit ist schon vergangen und kann im Heute nicht mehr gelebt werden.

Die Zukunft ist noch wie ein Traum. Ist aber das Heute gut gelebt, ist die Zukunft eine Vision voller Licht, Liebe und Hoffnung.

Jetzt ist die Zeit des Wandels. Es ist Zeit aufzuwachen, die Blockaden aufzulösen und euer Leben neu zu überdenken. Geht keine faulen Kompromisse ein, sondern seid klar im Ausdruck. Löst auch den alten Groll auf, der euch nur im Vorwärtsschreiten hindert. Kommt in den Fluß, kommt in die Fülle und schwimmt mit mir im Meer der Unendlichkeit.

ICH BIN DER ICH BIN."

Jesus lehrte uns auch die richtige Form des Betens. Unser Gebet sollte stets so formuliert sein, daß es ein Dankgebet ist. Um was auch immer du Gott bittest, glaube daran, daß du es erhalten wirst. Nur überlasse Gott das Wann und Wie. Gottes Macht ist grenzenlos, in ihm sind alle Dinge möglich. Achtet auch darauf, daß ihr eure Bitte an Gott immer positiv formuliert. Sagt nicht, „befreie mich von meiner Arbeitslosigkeit" sondern, „ich danke dir für meinen wunderbaren Arbeitsplatz", und dann glaubt felsenfest daran, daß ihr ihn erhalten werdet. Laßt euch nicht von anderen Menschen in eurem Glauben beirren. Bittet darum, daß ihr vollkommene Gesundheit ausdrückt und nicht, daß ihr von Schmerz oder Krankheit befreit werdet.

Wir müssen Gott die Gelegenheit geben, sich durch uns auszudrücken. Er ist immer da und wartet darauf, daß wir ihm erlauben, für uns in Aktion zu treten. Laßt uns Gott bitten, daß wir zu allen Zeiten seine Liebe, seine Kraft und seine Weisheit leben. Laßt uns eins werden mit der Fülle Gottes und diese Fülle allezeit in unseren Gedanken haben. Laßt uns Gott danken für unsere vollkommene Gesundheit, für unseren Wohlstand, unser Glück, für liebevolle

Beziehungen, für seinen Schutz und seine Versorgung. Alles steht uns zur Verfügung, wir müssen nur das Tor öffnen, damit all das Gute zu uns fließen kann.

Je mehr wir die in uns wohnende Gotteskraft anwenden, desto stärker wird sie werden. Je öfter wir die Gotteskraft anwenden, um andere Menschen zu heilen, um so schneller und effizienter wird unsere Arbeit werden. Die Kraft Gottes ist immer in uns, aber sie ist still und stumm, wenn wir uns nicht an sie erinnern und sie anwenden. Genauso ist es mit der Liebe Gottes, sie ist immer da, wenn wir uns aber nicht zu dieser Liebe bekennen und sie leben, wird sie nichts bewirken. Auch die Weisheit Gottes ist in uns; wenn wir sie aber nicht um Rat fragen, bleibt sie uns verschlossen. Wenn wir uns dieser Kraft in uns wirklich bewußt sind und sie auch anwenden, können wir alle Dinge tun, die Jesus auch tat. Nur, er war sich dessen zu allen Zeiten bewußt und hatte sein Ego bereits überwunden, was uns immer wieder dazwischenfunkt und versucht, uns mit allen möglichen Argumenten des Zweifels von unserem göttlichen Potential abzuhalten.

So laßt uns Gott in uns und um uns herum sehen. Gott ist in jedem Menschen gleichermaßen lebendig und wartet darauf, in Aktion treten zu können. Durch unsere Entwicklung geben wir auch den Menschen, die noch im Unbewußten sind, die Gelegenheit, den Gott in sich zu finden. Bei manchen Menschen ist allerdings der alte Glaube noch sehr stark verankert, daß Gott eine Person ist, irgendwo im Universum auf einem Thron sitzt und die einen liebt und die anderen straft. Solange wir an diesem Glauben festhalten, ist Gott uns sehr fern. Gott kann niemals als Person hervorgebracht werden, sondern als die alles durchdringende, alles aktivierende Energie im Universum.

So laßt den Christus in uns hervortreten, das heißt, leben wir in ihm. Dann ist Gott in uns aktiv. Je mehr wir Gott erlauben, aktiv hervorzutreten, desto mehr erhöhen wir auch die Schwingungsfrequenz unseres Körpers. Wir sind göttlicher Geist, der sich über alles Irdische, über die langsame Schwingung der Materie, erheben und alles erschaffen kann. Je mehr wir von diesem Wissen um unsere Göttlichkeit durchdrungen sind, um so mehr werden wir auch das Bedürfnis haben, anderen Menschen zu helfen. Wir werden dann in der Lage sein, zu wissen, was dem anderen wirklich hilft. Wenn wir in der Lage sind, anderen Menschen zu zeigen, daß sie eins sind mit Gott, haben wir sie auf eine andere Schwingungsebene gehoben. Manchmal müssen wir dies allerdings im Stillen tun, denn nicht alle Menschen sind schon bereit, dieses Wissen anzunehmen und auch anzuwenden. Stelle dir einfach vor, daß jeder Mensch vom göttlichen Sein durchdrungen ist. Wenn jemand sehr depressiv ist, so stelle dir vor, wie sein Christuslicht ihn ganz durchdringt und die Dunkelheit in seiner Seele auflöst. Wenn jemand krank ist, so stelle dir vor, wie das göttliche Heilungslicht ihn ganz durchdringt und ihn vollkommen heil macht. Stelle ihn dir vollkommen gesund vor.

Wenn wir es lernen, nur licht- und liebevolle Gedanken zu denken, wird unser ganzes Leben voll Licht, Liebe, Glück und Fülle sein. Negative Gedanke untergraben unser ganzes Sein und machen uns auf schleichende Weise krank, depressiv und unglücklich. Jeder negative Gedanke schwächt unser Immunsystem, und wir wundern uns dann, wenn wir dauernd mit Infekten oder gar Autoimmunerkrankungen zu kämpfen haben. Unsere Gedanken erzeugen unsere Wirklichkeit, dies ist so unendlich wichtig zu verstehen. Oftmals denken wir, daß andere Menschen oder unglückliche Umstände für unsere Schmerzen verantwortlich sind. Da aber alles auf der Ebene des Denkens entsteht, so sind es unsere eigenen Gedanken, die alles in unserem Leben erzeugten. Aber wir können unser Leben zu jeder Zeit verändern, indem wir unser Denken ändern. Ist dies nicht eine wunderbare Chance?

Wir sind auf dieser Welt, um Licht und Liebe in die Welt zu bringen. Wir alle haben uns zu dieser Zeit auf der Erde inkarniert, um mitzuhelfen, Frieden, Freude, Licht und Liebe in die Welt zu bringen. Zunächst aber müssen wir darauf achten, daß wir im Frieden sind und aus unserer Mitte heraus leben. Neid und Eifersucht sind zerstörerische Elemente in unserem Leben. Übergeben wir sie Gott und bitten wir ihn, uns zu helfen, diese Gefühle zu überwinden. Wir müssen beginnen, in uns die Liebe und Freude zu leben, um sie dann auf andere ausstrahlen zu können.

Sieh das Gute in Dir, und du wirst es in allen sehen. Je freimütiger wir anderen Menschen Licht und Liebe geben, desto mehr kommt zu uns zurück. Dies ist ein kosmisches Gesetz. Oftmals können wir die Liebe nicht aus eigener Kraft aussenden, dann laßt uns Gott um Hilfe bitten, die Liebe wieder fließen zu lassen.

Laßt uns unsere Liebe und unser Mitgefühl auf alles ausdehnen, nicht nur auf die Menschen, die wir lieben, sondern auch auf die Menschen, die uns verletzt haben. Wenn wir unser Bewußtsein zum

ICH BIN in uns erheben, wissen wir, daß die Liebe in uns ist und wir in der Lage sind, sie auszusenden.

Die Liebe ist die höchste Schwingung im Universum und die stärkste Kraft. Die Liebe kennt keine Schranken und keine Begrenzung, sie ist frei. Der wahren Liebe ist jedes Besitzdenken fremd. Die Liebe ist schöpferisch und aufbauend und bindet einen Menschen nicht an sich, das tut nur die Angst.

Je mehr wir in Gott, in der Liebe sind, um so mehr wird Streit und Disharmonie verschwinden. Wenn du in diesem Licht lebst, werden andere Menschen von deinem Licht angezogen und berührt. Es ist die Gotteskraft, die dann von anderen Menschen wahrgenommen wird, und sie werden kommen, um zu sehen, wie ihr in dieses Licht hineingekommen seid. Sei dir bewußt, du bist das Licht der Welt, und du kamst in die Welt, um es zu verbreiten, damit es heller werde in der Welt. In unserem göttlichen Teil bekommen wir jede Hilfe, die wir brauchen. Hier finden wir Selbstvertrauen, Liebe und Weisheit. Je mehr wir uns mit unserem Hohen Selbst verbinden, desto mehr Freude erleben wir, und desto schneller kommen wir voran auf unserem Evolutionsweg. Im Laufe unseres Entwicklungsweges werden wir viele Wege probeweise beschreiten, um dann schließlich den Weg zu finden, der für uns in dieser Inkarnation der richtige ist. Die Geistführer sind immer gerne bereit, uns den Weg zu zeigen, wie auch unser Hohes Selbst. Gehen allerdings muß jeder den Weg für sich allein. Jeder von uns ist ein Individuum und hat darum auch seine ganz persönliche Entwicklung zu durchlaufen. Es ist für unsere Entwicklung sehr wichtig, daß wir uns von unseren anerzogenen und erworbenen

Mustern freimachen, was ein spiritueller Mensch zu tun oder zu lassen hat. Jeder möge in seinem Innern all die Antworten finden, die für ihn wichtig sind. Dazu ist es immer wieder notwendig, in die Stille zu gehen und auf die Antworten des Hohen Selbst zu hören. Unser Hohes Selbst gibt uns ständig leise zarte Impulse, wie wir mit uns und unseren Brüdern und Schwestern in Harmonie und Frieden kommen und bleiben können. Nur überhören wir diese leisen Hinweise oftmals, weil wir mit der lauten Außenwelt und all unseren hektischen Aktivitäten viel zu beschäftigt sind. Darum ist die Meditation so wichtig, damit wir das hören, was Gott uns zu sagen hat.

Wir werden in unserem Leben mit vielen Herausforderungen konfrontiert, damit wir in der Lage sind, die alten Muster aufzuarbeiten und loszulassen. Manche dieser alten Muster bringen wir auch mit aus unseren vorherigen Leben. Da in unserem Hohen Selbst alle Informationen über uns gespeichert sind, ist es ihm jederzeit möglich, uns auch in diesem Leben noch einmal damit zu konfrontieren, damit diese alten Dinge erlöst werden können. Das Hohe Selbst spricht meistens durch unsere Intuition zu uns oder durch Gefühle des Friedens und der Liebe. Wer es aber gelernt hat, die Stimme Gottes zu hören, der kann die Botschaft direkt empfangen. Und denkt bitte nie, daß ihr nicht würdig seid, die Stimme Gottes zu hören. Wir sind alle Gottes geliebte Kinder, keiner mehr und keiner weniger. Es ist also keine Sache des Verdienstes, sondern einzig und allein eine Sache des Bewußtseins. Das Hohe Selbst kann aber auch durch andere Menschen, durch Medien oder durch Bücher mit uns kommunizieren. Wenn wir um eine bestimmte Antwort bitten, so ist es durchaus möglich, daß irgend jemand in unserer Umgebung einen bestimmten Satz sagt, und genau hier unsere Antwort enthalten ist. Je mehr wir uns mit unserem Hohen Selbst verbinden, desto mehr werden wir in der Lage sein, Informationen aus den hohen Lichtebenen zu empfangen. Wenn wir Licht aussenden, um einem anderen Menschen zu helfen oder mehr Harmonie in der Welt herzustellen, sind wir in unserem Hohen Selbst. Unser Ego würde uns höchstens sagen, das ist nur Zeit- und Energieverschwendung, du glaubst doch nicht etwa, daß das funktioniert. Unser Hohes Selbst weiß, daß wir mit Licht und Liebe alles wandeln können. Es weiß, daß das Licht die alles verwandelnde Kraft im Universum ist. Das Licht ist sofort wirksam, wenn wir es herbeirufen, genauso, wie Elektrizität sofort wirksam ist, wenn wir den Schalter anknipsen. Auch wenn ihr das Licht noch nicht sehen könnt, macht euch darüber keine Gedanken. Das Licht und die Energie folgen immer dem Bewußtsein. Es ist wie beim Autogenen Training. Wenn ihr denkt, mein rechter Arm wird schwer, und ihr seid mit eurem ungeteilten Bewußtsein in eurem Arm, dann, aber auch nur dann, wird der Arm schwer. Und genauso ist es auch hier. Da, wo das Bewußtsein ist, ist die Energie.

Je öfter wir uns mit dem Licht verbinden, desto leichter wird es uns fallen, mit Licht zu arbeiten, desto lichter werden wir. Dies wird sich auch in unserer Aura widerspiegeln. Desto mehr werden wir die Menschen anziehen, die das Licht suchen und sich an unserem Auralicht wärmen. Je mehr wir uns spirituell entwickeln, desto sensibler werden wir für die Energien anderer Menschen. Das bedeutet aber auch, daß wir mehr mit Lichtschutz arbeiten müssen, sonst fangen wir zu viele negative Energien auf, die uns dann Probleme machen. Bevor man morgens das Haus verläßt, sollte man grundsätzlich einen Mantel aus strahlend weißem Christuslicht um sich herumziehen. In dem Moment, wo wir ärgerlich werden oder Angst haben, bricht der Lichtschutzmantel zusammen, und wir müssen ihn erneuern.

Wenn wir ein Gespräch führen müssen, das uns unangenehm ist, setzen wir uns ruhig hin und rufen das Licht herbei. Hüllen wir alle daran beteiligten Personen und auch den Raum in Licht ein. Probiert es einfach aus, und ihr werdet staunen, wieviel leichter sich alles im Leben erledigen läßt. Nachdem die Menschen in meinen Seminaren die Lichtarbeit erlernt und dann angewandt hatten, berichteten sie mir später von ihren Erfolgen. Gerade Lehrer haben die Lichtarbeit mit Erfolg angewandt, wenn die Schüler unruhig waren oder ängstlich, was sich ja oftmals in Form von Aggressionen zeigt. Zwischen Lehrern und Schülern wird ja sehr viel Angst projiziert. Wenn der Lehrer da in der Lage ist, die Klasse, bevor er sie betritt, in Licht einzuhüllen, kann er sehr viel bewirken. Oder wenn zwischendurch wieder Unruhe auftritt, kann er sofort das Licht gedanklich herbeirufen. Es ist für mich so wunderbar, daß wir diese Möglichkeit haben, mit dem Licht zu arbeiten, daß ich immer wieder sehr dankbar dafür bin. Aber achten wir dabei auf unser Motiv. Wenn wir versuchen, andere Menschen mit dem Licht zu manipulieren, dann kommt es negativ auf uns zurück. Unser Motiv sollte immer Liebe sein. Nun ist es gar nicht so einfach, seine Motive zu hinterfragen, und wir tun sicher viele Dinge aus einer Mischung von Liebe und Angst. Je mehr ihr mit dem Licht arbeitet, um so leichter wird es euch fallen, euer ganzes Leben auf eine neue Ebene zu heben, voller Liebe, Freude und Frieden. Auch eure Beziehungen werden sich vorteilhaft verändern. Wenn ihr Probleme in euren Beziehungen habt und sich dort sehr viel Angst, Krach und Egokämpfe abspielen, so könnt ihr die Energie der Liebe, mit Hilfe des Lichtes wieder zum Fließen bringen. Wenn ein Mensch wütend ist, so nützt es meist nicht viel, ihn zu beruhigen. Versucht es einmal anders. Ruft einfach das Licht herbei. Sagt dem anderen im Stillen: „Ich liebe dich, ich sehe, daß du Angst hast, darum hülle ich dich ganz in weißes Christuslicht." Seht den Christus im anderen. Denn wenn jemand wütend ist, so ist er nicht in seinem Hohen Selbst, sondern befindet sich in einem Egoanfall. Er hat Angst, und diese Angst kannst du in Liebe und Licht einhüllen. So kannst du deinem Partner sehr helfen. Wenn du nämlich in der Lage bist, von deiner Angst Abstand zu nehmen, wirst du dem anderen die Möglichkeit geben, auch von seiner Angst ein Stück Abstand zu nehmen, und euch beiden ist ein Wunder geschehen. Probiert es aus und macht eure eigenen Erfahrungen. Ich würde mich freuen, wenn ihr mir einmal darüber berichten würdet.

Wenn wir verreisen, ist es sinnvoll, das Auto, das Flugzeug oder die Bahn in Licht einzuhüllen, so daß uns nichts geschehen kann. So werden wir uns sofort sicher und beschützt fühlen. Auch unsere Wohnung oder unser Haus sollten wir mit Licht umgeben, wenn wir weggehen.

Wenn einer unserer Lieben auf eine Reise geht, umgeben wir ihn mit Licht und Liebe. Wenn unsere Kinder, morgens zur Schule oder in den Kindergarten gehen, sollten sie von uns in Licht eingehüllt werden. Kinder arbeiten übrigens sehr gerne mit Licht und senden es aus.

Auch können wir Heilungen mit Licht vornehmen. Ich bilde seit Jahren Geistheiler aus, und es freut mich immer wieder, wie schnell die Menschen in der Lage sind, die göttliche Heilkraft durch ihre Hände fließen zu lassen und damit wunderbare Ergebnisse zu erzielen. Wir sind niemals der Heiler, sondern nur der Kanal für die göttliche Heilkraft. Viele Menschen glauben, es sei ein besonderes Verdienst, daß manche Menschen die Heilkraft fließen lassen können und andere wieder nicht. Jeder Mensch, der Liebe und Mitgefühl in sich trägt, ist ein potentieller Heiler. Auch wenn ihr selber Schmerzen habt, so schickt das göttliche Licht dahin. Stellt euch vor, daß ihr ca. 30 cm über eurem Kopf, am transpersonellen Punkt, der uns mit den höheren Energien verbindet, eine strahlend weiße Christussonne habt. Nun zieht mit dem Einatmen das Licht durch euer Kronenchakra, das in der Mitte eures Kopfes liegt, herein und sendet es mit dem Ausatmen zu der Stelle, wo ihr die Schmerzen habt. Wenn ihr das eine Weile voller Konzentration gemacht habt, werdet ihr merken, wie euer Schmerz weg oder wesentlich weniger geworden ist. Bei chronischen Schmerzen müßt ihr allerdings eine Weile dranbleiben und immer auch noch medizinische und naturheilkundliche Hilfe in Anspruch nehmen.

Es ist auch sehr hilfreich, den kranken Körperteil, nachdem ihr ihn in Licht eingehüllt habt, zu fragen, womit ihr ihm helfen könnt. Es wäre natürlich sehr förderlich, wenn ihr hinter das Muster der Erkrankung kommen könntet. Jede Erkrankung hat eine Ursache oder Entsprechung im geistig-seelischen Bereich.Wenn man dort die Ursache beheben kann, so ist die Krankheit einfach überflüssig. Zu mir kommen viele Menschen, um Meister Eckhart nach der Ursache ihrer Erkrankung zu fragen. Es ist sehr hilfreich, diese zu kennen, damit man daran arbeiten kann. Natürlich kennen wir tief in unserem Innern die Ursache auch selbst, aber wir haben sie ins Unbewußte verdrängt. Du kannst dich auch still hinsetzen und dir sagen: Ich bin göttliches Wissen, und lasse jetzt die alten Muster hochkommen. Wir alle haben das gesamte Wissen des Universums gespeichert. Wir alle sind Teile der göttlichen Substanz, ausgestattet mit dem Wissen und den Eigenschaften Gottes. Jesus wußte dies, und er machte davon Gebrauch. Er lehrte uns aber auch, daß wir dasselbe tun können.

Wie können wir nun Verbindung mit unserer göttlichen Quelle aufnehmen? Zunächst müssen wir anerkennen, daß Gott in uns ist, und uns von allen anderslautenden Aussagen und Glaubenssätzen freimachen. Dies ist für manche Menschen sehr schwer, besonders dann, wenn sie im strengen Glauben erzogen worden sind. Wir müssen aufhören, das zu denken, was wir nicht wünschen, sondern beginnen an das denken, was wir erschaffen möchten. Wenn du beispielsweise denkst: „Ich möchte nicht mehr krank sein." Wird das Unterbewußtsein das Wort *krank* abspeichern. Das Unterbewußtsein ist ein riesiger Speicher, der alles abspeichert, was es hört. Egal, ob du etwas denkst oder sagst oder jemand anders in deiner Umgebung. Selektieren kann das Unterbewußtsein nicht. Du mußt ihm also das eingeben, was es für dich speichern und ausführen soll, nämlich strahlende Gesundheit. Das Unterbewußtsein führt stets das aus, was du möchtest, es dient dir, nur du mußt ihm in

Liebe eingeben, was es für dich ausführen soll. Wir haben immer die Wahl, was wir unserem Unterbewußtsein einprogrammieren. Wir müssen vor allem bei einer Programmierung bleiben, wenn wir Erfolg haben wollen. Es nützt gar nichts, wenn wir heute eingeben: „Ich bin strahlende Gesundheit," und morgen: „Ach wie bin ich doch so krank."

Vor allem müssen wir all unsere Kraft und Aufmerksamkeit stets auf unsere Visionen, Hoffnungen, Wünsche und Ziele gerichtet halten, so daß sie sich auch erfüllen können. Stellen wir all unsere Wünsche und Ziele unter die Führung unseres Hohen Selbst, so bekommen wir alle erdenkliche Hilfe aus dem Universum. Stelle dir einfach einmal vor, du bist ein Drehbuchautor und schreibst das Stück deines Lebens. Bisher hast du möglicherweise nur Dramen oder Krimis verfaßt. Nun aber hast du die Möglichkeit, das Drehbuch deines Lebens ganz neu zu schreiben, mit Hilfe deiner göttlichen Führung. Welch eine Chance, sein Lebensbuch neu schreiben zu dürfen. Sich nicht mehr als Opfer äußerer Umstände zu sehen, die nur in kleineren oder größeren Dramen endeten, sondern jetzt mit voller Eigenverantwortlichkeit ein ganz neues Drehbuch zu schreiben. Schreibe ein Drehbuch voller Liebe, Freude, Lachen und Kreativität.

Es ist durchaus möglich, daß du alte Schauspieler entlassen oder ihnen eine andere Rolle übertragen mußt. Dafür wirst du neue Schauspieler einfügen, denn du hast ja jetzt vor, ein Drehbuch voller Liebe und Freude zu schreiben. Wie ist deine Rolle darin? Denn du bist natürlich der Hauptdarsteller. Liebst du dich selbst? Wenn nicht, dann beginne sofort damit, denn du bist der Mittelpunkt deines neuen Drehbuches. Gott ist der Produzent deines Films, er gibt dir die Energie dazu, wenn du alles unter seiner Führung schreibst, so wirst du soviel Liebe und Hilfe bekommen, wie du es dir gar nicht vorstellen kannst. Du kannst in einer Welt voller Freude, Liebe und Fülle leben. Beginne gleich jetzt damit. Deine Möglichkeiten sind grenzenlos. Um Gott, die höchste Intelligenz im Universum, zu finden, gehe direkt in dein Inneres. Gott ist dein ganzes Wesen, du bist immer in Gott, und mit Gott kannst du alle Dinge tun.

Am besten, du besorgst dir gleich ein schönes dickes Buch, in das du dein neues Drehbuch schreiben kannst. Glaube mir, es macht Spaß. Schreibe hier all deine neuen Ideen hinein, deine Wünsche, deine Träume und Visionen und verändere sie so lange, bis alles für dich stimmig ist. Du wirst sicher von Zeit zu Zeit eine Fortsetzung schreiben. Vor allem aber schiebe es nicht auf, beginne gleich heute damit.

Denke daran, du bist der Meister deines Lebens. Es spielt keine Rolle, was deine Umwelt über dich sagt. Übernimm die Meisterschaft deines Lebens noch heute. Mögen deine Eltern auch noch so oft zu dir gesagt haben, du kannst dieses oder jenes nicht tun. Mit Gott kannst du alle Dinge tun. Du bist die Intelligenz, die dein Leben regiert, und niemand sonst.

Es wäre gut, wenn du es immer mehr lernen würdest, die Gotteskraft, die ICH BIN-Kraft stets in dein Leben zu integrieren, sie täglich anzuwenden. Jedesmal, wenn du sagst: „ICH BIN“, setzt du die Gotteskraft in Bewegung. Darum ist es auch so wichtig, daß du das ICH BIN niemals negativ anwendest. Wie oft sagen wir so gedankenlos dahin, ich bin krank oder ich bin schwach und vieles andere mehr. Wenn wir die Kraft aber positiv anwenden und sagen: „ICH BIN strahlende Gesundheit, ICH BIN göttliche Kraft u. s. w., dann wird sich unser Leben zur vollen Schönheit entfalten.

Die göttliche Energie wird erst durch den bewußten Gebrauch wirksam werden. Verwendet die ICH BIN-Kraft nie zu selbstsüchtigen Zwecken, es kommt sonst auf euch zurück.

Wir dürfen diese Kraft beanspruchen, sie ist unser Geburtsrecht. Nutzen wir unser größtes Gottesgeschenk, unseren freien Willen, um in unserem Leben das zu erschaffen, was wir zu leben wünschen.

Hierzu ist es notwendig, daß wir es lernen, unsere Gedanken zu beherrschen. Vollkommenes Glück und vollkommene Freiheit können wir nur in der Beherrschung unserer Gedanken erfahren. Wir müssen es erlernen, unsere Gedanken mehr und mehr auf Gott gerichtet zu halten. Da alles im Gedanken entspringt, ist die gedankliche Ebene auch die einzige Ebene, auf der wir etwas verändern können. Dann ist es für uns auch nicht mehr notwendig, Hilfe auf alle mögliche Weise im Außen zu suchen. Wir wissen doch, daß Gott in unserem Innern ist und wir von dort alle Hilfe bekommen. Wenn wir das wirklich verstehen und uns zu eigen machen, werden wir uns mehr und mehr auf unsere göttliche Führung verlassen. Gott in unserem Innern ist die größte Liebe, die größte Kraft. Wenn wir uns an ihn wenden, werden wir unabhängig von äußeren Lehrern.

Jesus hat es uns vorgelebt. Er sah stets den Vater in seinem Innern, diese unendliche, strahlende Kraft, mit der er all seine Werke tat. Auch du kannst das tun, wenn du diese Kraft in deinem Innern siehst und sie anwendest. Sieh dieses Licht in dir und lasse es ins Außen strahlen. Als Jesus sagte: „Ich bin der Christus", wußte er, daß wir alle auch ein Christus sind, nämlich immer dann, wenn wir die Liebe leben. Der Christus wird sich uns in dem Moment offenbaren, in dem wir in der Liebe sind. Dann sind wir in ihm, im Licht.

Sieh, wie das Licht in jede deiner Zellen, in jedes Organ und dein ganzes Gewebe fließt. Dies ist eine wunderbare Verjüngung deines Körpers. Uns wurde seit Jahrtausenden von Menschen gelehrt, die es nicht besser wußten, daß der Körper alt werden müsse und mehr und mehr verfalle. Das sind hypnotische Muster der Vergangenheit, mit denen wir im Wassermannzeitalter endlich aufräumen sollten.

Je mehr Licht und Liebe du deinem Körper gibst, desto mehr wird er sich verjüngen und dir dienen. Wir sind unsterbliche Wesen, nur wir glauben, daß wir sterblich sind, und hier liegt unsere Begrenzung.

Ich möchte euch an dieser Stelle mit einer Meditation vertraut machen, die ich mit meiner Meditationsgruppe zu Beginn unserer Meditation mache. Es ist eine ICH BIN-Meditation, um die Chakren mit Liebe und Gotteskraft aufzuladen.

Am besten sprichst du diese Meditation vorher wieder auf eine Kassette auf, dann kannst du dich besser darauf konzentrieren.

Setze dich ruhig und entspannt hin, in einen Raum, wo du dich wohl und geborgen fühlst. Sorge dafür, daß du nicht gestört wirst.

Atme nun ganz entspannt ein und aus. Beruhige dich über deinen Atem. Komme mit jedem Atemzug mehr und mehr zur Ruhe. Atme den Frieden Gottes ein und alles aus, was dich belastet hat, alle Nervosität und alle Ängste. Nun stelle dir vor, daß du in deinen Füßen dicke Wurzeln hast. Stelle dir vor, daß du diese Wurzeln nun tief und breit in die Erde hineinschickst. Sei mit deinem Bewußtsein ganz in deinen Füßen und lasse mit jedem Atemzug die Wurzeln stärker werden. Spüre richtig die Verbindung zur Erde. Nun visualisiere über deinem ersten Chakra, das etwas außerhalb deines Körpers liegt, etwa zwischen Scheide und Anus, einen leuchtend roten Nebel oder ein leuchtend rotes Licht. Sei ganz bei diesem ersten Chakra und lasse mit jedem Atemzug den roten Nebel leuchtender werden. Spüre, wie die rote Farbenergie in dich einströmt und dir neue Kraft gibt.

Denke nun dreimal hintereinander ICH BIN Kraft, ICH BIN Kraft, ICH BIN Kraft. Fühle diese göttliche Kraft in dir. Nimm dir Zeit, es ist wichtig, diese Schritte langsam und ganz bewußt zu gehen.

Gehe nun zu deinem zweiten Chakra, das in der Mitte deines Bauches liegt, zwischen Nabel und Schambein. Visualisiere hier einen leuchtend orangefarbenen Nebel oder ein orangefarbenes Licht. Sei mit deinem Bewußtsein ganz bei diesem zweiten Chakra und lasse mit jedem Atemzug das Orange stärker und leuchtender werden. Es ist die Energie der Freude, die nun in dich einströmt. Nimm sie ganz in dich auf. Denke nun dreimal: ICH BIN Freude, ICH BIN Freude, ICH BIN Freude. Fühle mit all deinem Sein nun die göttliche Freude in dir. Genieße diese Energie der Freude, sie aktiviert dich.

Gehe nun zu deinem dritten Chakra, dem Solarplexus, wo alle Nervenbahnen zusammenlaufen. Es liegt in der Mitte deines Oberbauches, direkt oberhalb des Nabels. Visualisiere hier einen leuchtend hellgelben Nebel oder ein hellgelbes Licht. Wenn du mit deinem Bewußtsein ganz bei diesem Chakra und dem hellgelben Nebel bist, spürst du, wie eine wunderbare Ruhe dich durchströmt. Es ist die göttliche Ruhe, die nichts jetzt stören kann. Denke nun dreimal: ICH BIN Ruhe, ICH BIN Ruhe, ICH BIN Ruhe. Genieße diese wunderbare Ruhe und verweile in ihr, solange du möchtest.

Gehe nun zu deinem vierten Chakra, dem Herzchakra. Es liegt in der Mitte der Brust in der Höhe des Herzens. Hier visualisiere zunächst ein leuchtendes helles Grün. Lasse mit jedem Atemzug das Grün leuchtender und strahlender werden. Nun mische hier die Farbe Rosa mit hinein. Rosa ist die kosmische Farbe der Liebe. Dies ist das Chakra der Liebe. Atme nun diese göttliche Liebe in dich hinein, lasse dich ganz von ihr durchströmen. Spüre, wie dein Brustkorb weit wird, wie die Liebe dich ganz durchströmt. Sie fließt in all deine Zellen hinein. Und nun denke mit aller Inbrunst dreimal: ICH BIN Liebe, ICH BIN Liebe, ICH BIN Liebe. Sei diese Liebe, wisse, sie ist allezeit in dir, du kannst sie nie verlieren.

Gehe nun zu deinem fünften Chakra, dem Halschakra. Es liegt genau in der Mitte deines Halses. Es ist das Chakra der Kommunikation. Visualisiere hier ein leuchtendes Hellblau, so strahlend wie ein Sommerhimmel unter südlicher Sonne. Sei ganz bei deinem Halschakra und lasse mit jedem Atemzug den blauen Nebel heller und strahlender werden.

Spüre, wie dein Hals sich entspannt, wie er weit wird. Und nun denke dreimal: ICH BIN göttliche Kommunikation, ICH BIN göttliche Kommunikation, ICH BIN göttliche Kommunikation.

Bitte nun darum, daß dein Hohes Selbst zu allen Zeiten durch dich sprechen möge.
Gehe nun zu deinem sechsten Chakra, dem Stirnchakra oder dem dritten Auge. Es liegt genau in der Mitte deiner Stirn. Hier visualisiere nun einen indigofarbenen Nebel. Es ist ein dunkelblaues Violett. Sei ganz bewußt bei deinem sechsten Chakra und lasse mit jedem Atemzug den indigofarbenen Nebel stärker und leuchtender werden. Denke nun dreimal: ICH BIN das Allsehende Auge, ICH BIN das Allsehende Auge, ICH BIN das Allsehende Auge. Das dritte Auge verbindet dich mit den Lichtwelten, wie auch das Kronenchakra.
Gehe nun zu deinem 7. Chakra, dem Kronenchakra, das in der Mitte, auf deinem Kopf, liegt. Hier visualiere nun einen leuchtend violetten Nebel. Sei mit deinem ganzen Bewußtsein bei diesem Chakra und lasse mit jedem Atemzug den violetten Nebel strahlender und leuchtender werden. Sieh vor deinem inneren Auge, wie sich über deinem Kopf eine wunderschöne Lotusblüte öffnet, wie sie mit jedem Atemzug mehr und mehr Blätter entfaltet. Denke nun dreimal, voller Inbrunst: ICH BIN eins mit Gott, ICH BIN eins mit Gott, ICH BIN eins mit Gott. Fühle nun dieses Einssein mit deinem ganzen Herzen, mit deiner ganzen Seele. Bleibe in diesem Einssein, solange du möchtest. Wisse, du bist immer und zu allen Zeiten eins mit Gott, eins mit seiner Liebe, eins mit seiner Weisheit, eins mit seiner Kraft und immer in seinem Schutz. Du bist sein über alles geliebtes Kind. Und nun sieh, wie von oben ein strahlend weißes Christuslicht auf dich herniederkommt. Wie ein Mantel aus Licht umhüllt es dich. Bleibe noch eine Weile in diesem Licht und komme dann langsam wieder in dein normales Tagesbewußtsein zurück. Atme tief und

langsam ein und aus. Jeder Atemzug bringt dich mehr ins Hier und Jetzt zurück. Recke dich und strecke dich, nimm deine Hände hoch und schlage sie aus und sei wieder ganz im Hier und Jetzt.

Je öfter du diese Meditation machst, desto mehr werden sich diese Worte und das Wissen um deine Göttlichkeit in deinem Unterbewußtsein verankern; je deutlicher wirst du die Wirkung spüren.

Viele von uns haben das Beten ganz verlernt, weil sie nicht mehr wissen, wie man betet. Nun, du kannst zu jeder Zeit mit Gott sprechen, wie du mit einem guten Freund auch sprechen würdest. Bitte Gott, dir zu helfen, vollkommene Gesundheit auszudrücken, wenn du krank sein solltest. Bist du gesund, so danke Gott für deine vollkommene, Gesundheit, danke für deine vollkommene Versorgung, danke für den göttlichen Schutz und die göttliche Liebe, die allezeit in dir ist. Lasse jedes Gebet ein Dankgebet sein.

REICHTUM UND FÜLLE

Reichtum und Fülle sind unser göttliches Erbe, unser natürlicher Zustand, durch den wir unsere Spiritualität und Kreativität am besten ausdrücken können. Gott und das Universum sind Fülle. Diese göttliche Fülle beginnt in unserem Bewußtsein. Wenn wir uns eins fühlen mit der göttlichen Fülle, so wird sie sich in all unseren Angelegenheiten zeigen. Lernen wir zu erkennen, daß einzig und allein unsere Einstellung und unsere Gedanken unsere Wirklichkeit und unsere Lebensumstände bestimmen.

Viele Menschen glauben, daß sie es nicht wert sind, an der Fülle Gottes teilzuhaben. Gerade in esoterischen Kreisen findet man oft die Ansicht, daß der Verzicht die einzige Möglichkeit sei, zu Gott zu kommen. Dann entsagen diese Menschen jeglicher Freude und plagen sich durchs Leben. Wie kann es Gottes Wille sein, der die unendliche Fülle ist, daß sich seine geliebten Kinder in Armut durchs Leben schlagen? Armut ist eine Wahl, wie die Fülle auch.

Wenn wir Gott zum Ausdruck bringen möchten, so müssen wir die Fülle, ja den Überfluß leben. Wir müssen unsere alten, uns begrenzenden Muster ablegen und uns öffnen für die kosmischen Energien, die nur darauf warten, uns zu durchströmen.

Wenn wir mehr Fülle in unser Leben einladen wollen, müssen wir zuerst einmal unser Verhältnis zum Geld überprüfen. Ist Geld deiner Meinung nach schlecht? Was bedeutet Geld für dich? Verdienst du es, viel Geld zu haben? Wir alle haben bereits in unserer Kindheit bestimmte Programmierungen über das Geld und den Wohlstand von unseren Eltern, Großeltern, der Kirche und der Gesellschaft bekommen. All diese Meinungen sind tief in unserem Unterbewußtsein einprogrammiert. Wir müssen also unser Unterbewußtsein erforschen nach unseren Meinungen über Wohlstand und Fülle. In meinen Reichtumsseminaren machen wir stets geführte Meditationen, um die Situation im Unterbewußtsein zu klären und zu transformieren. Es ist notwendig, daß wir unser Armutsbewußtsein transformieren in ein Reichtumsbewußtsein. Manche Menschen wünschen sich zwar Geld, haben aber insgeheim Angst davor, viel Geld zu haben. In diesem Fall arbeitet das Unterbewußtsein, das wie ein riesiger Speicher ist, gegen dich. Unser Unterbewußtsein speichert all unsere Gedanken, die wir jemals gedacht haben. Natürlich können wir diese Programme auch löschen und umprogrammieren. Nur, dies fordert Geduld, Konsequenz und Kontinuität. Du bist ein unbegrenztes göttliches Wesen, das alles erschaffen kann, was es sich wünscht. Sage Dir wieder und wieder, so lange, bis es in dein Unterbewußtsein einprogrammiert ist: „Ich bin eins mit der göttlichen Fülle. Ich lebe die göttliche Fülle." Meditiere über die göttliche Fülle, den göttlichen Überfluß. Beobachte auch deine Gedanken, die du über das Geld hast, über dein eigenes und das der anderen Menschen.

Die folgende Übung wird dich an deine alten Muster über das Geld führen.

Am besten sprichst du diese Meditation wieder auf eine Kassette auf oder läßt sie dir von einem Freund, zu dem du Vertrauen hast, aufsprechen.

Achte darauf, daß du ungestört bist.

Setze dich ganz bequem hin. Die Füße stehen nebeneinander auf dem Boden, die Hände liegen locker im Schoß.
Atme ruhig und ungezwungen. Beobachte eine Weile deinen Atem, und mit dem Ausatmen lasse alles los, was dich belastet. Nun stelle dir zunächst einmal vor, daß du in deinen Füßen dicke Wurzeln hast. Laß einfach aus deinen Füßen dicke Wurzeln wachsen, wie ein Baum. Diese Wurzeln schicke dann durch alle Etagen deines Hauses hindurch und versenke sie tief und breit in die Erde. Sei mit deinem Bewußtsein ganz in deinen Füßen und laß mit jedem Atemzug die Wurzeln stärker werden. Spüre die Verbindung zur Erde, sie hält und trägt dich.
Und nun stelle dir vor, du bist an einem wunderschönen weißen Sandstrand. Er ist breit und unendlich lang. Spüre den Sand unter deinen Füßen. Es ist angenehm warm, und die Sonne scheint, und du bist hier ganz behütet und geborgen und fühlst dich ganz wohl. Verbinde dich mit den vier Elementen, dem Feuer, der Luft, der Erde und dem Wasser.
Sei ganz ruhig und entspannt. Schau den Möwen zu, die frei und ohne Begrenzung über das Meer fliegen.
Auch dein Bewußtsein ist jetzt frei von allen Begrenzungen, frei von allem, was dich belastet hat.
Nimm dir Zeit und genieße die Ruhe, die hier herrscht.
In der Ferne siehst du eine große Pyramide stehen. Geh nun hin zu dieser Pyramide. Pyramiden sind Orte der Kraft und Spiritualität. Schau dir genau an, aus welchem Material die Pyramide ist, vielleicht aus Sandstein, vielleicht aus Edelstein oder einfach nur aus Glas. Spüre auch die Kraft, die von ihr ausgeht. Und nun gehe in diese Pyramide hinein.

Hier herrscht ein angenehmes Licht und eine geborgene Atmosphäre. Ein Eremit hat hier auf dich gewartet. Er ist ein weiser Lehrer und Berater. Du fühlst dich sogleich angezogen von der Liebe und Güte, die er ausstrahlt. Er kennt deine Vergangenheit, deine Stärken, aber auch deine Schwächen und alten Muster. Ihm sind deine alten, gespeicherten Muster über Geld und Wohlstand bekannt, und er wird dir helfen, sie zu durchleuchten.

Begrüße ihn zunächst einmal. Er weiß, daß du gekommen bist, um deine alten Muster über das Geld zu erfahren. Er nimmt nun aus einem Regal das Buch deines Lebens. Es ist ein altes, dickes Buch und enthält alles, was du je gedacht hast.

Er wird dir nun die Seite aufschlagen, die all deine Muster aufzeigt, die du über dich und dein Verhältnis zum Geld im Unterbewußtsein gespeichert hast. Nimm dir Zeit, sie alle anzuschauen. Du kannst dort auch genau lesen, welches deine eigenen Muster sind und welche du von deinen Eltern oder anderen Bezugspersonen übernommen hast. Schau genau nach, ob du glaubst, daß du es verdienst, viel Geld zu haben? Oder glaubst du, daß du es nicht wert bist, an Gottes Fülle teilzuhaben?

Glaubst du vielleicht, daß Geld den Charakter verdirbt oder daß Geld schlecht ist? Wenn ja, warum glaubst du es? Sieh genau hin. Alle deine alten Muster sind hier verzeichnet. Es kann auch sein, daß du anderen Menschen ihren Reichtum neidest. Hab keine Angst, der Eremit berät dich ganz liebevoll. Es ist in Ordnung, was du entdeckst. Alle Menschen haben solche alten Muster in sich. Wenn du dir diese alten Muster ansiehst, kannst du später daran arbeiten und sie auflösen. Verurteile dich nicht für das, was du dort findest.

Lasse dir Zeit, niemand drängt dich.

Wenn du dir alles angesehen hast, bitte den Eremiten, mit dir zusammen diese alten Muster zu nehmen und sie in ein violettes Feuer zu werfen, das dort in einer großen Schale brennt. Es ist das violette Feuer der Transformation, das nicht brennt, sondern alles transformiert, was man ihm übergibt. Bitte auch den weisen Lehrer, dir zu zeigen, wie du in Zukunft mehr Fülle in dein Leben einladen kannst. Fühle nun ganz sicher, daß du es wert bist, an Gottes Fülle teilzuhaben. Fühle, wie die Fülle dich durchströmt.

Bedanke dich dann bei dem Eremiten für seine Hilfe und die Erfahrungen, die du hier machen durftest. Du kannst jederzeit hierher zurückkehren, wenn dir etwas unklar ist und du Hilfe haben möchtest, um alte Muster aufzulösen. Dann tritt wieder hinaus in den Sonnenschein und freue dich darüber, daß du die alten, dich begrenzenden Muster anschauen durftest. Gehe noch ein wenig am Strand entlang und spüre, wie das Wasser sanft deine Füße umspielt. Nimm deine geistigen Arme hoch und recke sie der Sonne, der Fülle allen Seins, entgegen.

Fühle dich ganz frei. Fühle dich eins mit dem Universum. Spüre die göttliche Fülle in dir und freue dich darauf, daß du sie jetzt in dein Leben einladen kannst. Bitte die göttliche Fülle, jetzt in dein Leben einzutreten. Sage dreimal von ganzem Herzen: „ICH BIN Fülle, ICH BIN Fülle, ICH BIN Fülle“ und spüre, wie du weit wirst.

Dann komm langsam in den Raum zurück, in dem du dich gerade befindest. Atme einige Male tief ein und aus und komme mit jedem Atemzug wieder mehr und mehr in dein normales Tagesbewußtsein zurück. Recke dich und strecke dich. Nimm deine Hände hoch und schüttle sie kräftig aus. Sei ganz im Hier und Jetzt.

Nun schreibe dir gleich auf, was du erlebt hast, damit es dir nicht verlorengeht.

Sei nicht traurig, wenn du nicht gleich alles gesehen hast. Wiederhole diese Übung. Wenn du ein altes Muster entdeckt hast, dann arbeite daran. Mache es dir bewußt, aber wisse auch, daß es für dich nun nicht mehr relevant ist, und dann lasse es einfach hinter dir.

Achte auch im Umgang mit anderen Menschen darauf, wie dein Verhältnis zur Fülle ist. Begrenzt du dich und andere in Gedanken oder im Gespräch? Hast du ständig die Befürchtung, daß du nicht genug Geld haben könntest? Mache dir diese Ängste bewußt. Lasse dich nicht in das Armutsbewußtsein anderer Menschen hineinziehen. Wenn du ständig sagst, ich bin arbeitslos, wird es sehr schwer für dich werden, eine Arbeit, die dir Wohlstand und Fülle garantiert, zu finden. Alles im Universum ist Ursache und Wirkung. Deine Gedanken sind die Ursache, und die Außenwelt ist die Wirkung. Wenn du also ständig die Ursache setzt, indem du sagst, ich habe kein Geld, tritt die Wirkung garantiert irgendwann ein. Ich selbst habe früher immer gesagt: „Geld ist nicht wichtig." Bis ich in eine Situation kam, wo Geld lebenswichtig wurde. Ich werde so etwas nie wieder sagen oder denken.

Wer wirklich zu Reichtum und Fülle auf allen Ebenen kommen möchte, sollte sich eingehend mit den kosmischen Gesetzen des Geldes beschäftigen. Geld, Ihr Lieben, ist eine ganz neutrale Energie, wie Elektrizität auch. Und die Geldenergie wird immer dorthin fließen, wo sie auch willkommen geheißen wird. Also heißen wir sie jetzt gleich willkommen. Die Geldenergie muß fließen. Wer ängstlich am Geld klebt, unterbricht den Fluß. Ihr alle kennt sicher den

Spruch: „Geld ist die Wurzel allen Übels." Nun, wer so etwas sagt, hat ein Armutsbewußtsein. Viele Menschen sind der Meinung, Geld sei schlecht und verderbe den Charakter. Diese Menschen werden nie zu viel Geld kommen. Manche Menschen haben auch ein schlechtes Gewissen, wenn sie plötzlich über viel Geld verfügen. Mit Geld, ihr Lieben, kann man sehr viel Gutes tun. Es kommt immer darauf an, was man mit Geld macht, ob man es genießt, anderen Menschen damit hilft oder andere Menschen ausbeutet. Das Geld an sich ist völlig neutral, was man damit tut, das macht es schwarz oder weiß. Es wird nicht ganz leicht sein, unsere alten eingefahrenen Verhaltensweisen zu verändern. Es erfordert Wollen und Kontinuität. Vor allem aber ist es wichtig, sich selbst zu motivieren. Wenn wir einmal harte Zeiten erleben, so ist dies eine enorme Chance für uns, unsere innere Stärke zu entwickeln und diese Zeit durchzustehen. Vertraue immer der Kraft deines Hohen Selbst, das dich führt und leitet, in allen Lebenslagen, wenn du die Führung zuläßt.

So müssen wir zuerst lernen, positiv über Geld, Wohlstand und Fülle zu denken. Wir haben ein riesiges Potential in uns, das alles erschaffen kann, was wir uns wünschen.

Beginne gleich jetzt damit, dir mehrmals täglich zu sagen: ICH BIN Fülle.

Und dann fühle diese Fülle in dir. Erinnern wir uns immer wieder daran, wir sind der Schöpfer unseres Lebens, und wir können alles erschaffen, was wir möchten. Da die meisten von uns aber nicht wissen, was sie erschaffen möchten, lassen sie sich einfach treiben und beschweren sich dann, daß nichts geschieht. Es kann nichts geschehen, wenn wir unsere Wünsche nicht klar formuliert ins Universum hinausgeben.

Wenn du zum Beispiel eine neue Wohnung haben möchtest, so mußt du dir zuerst Gedanken darüber machen, wie groß soll die Wohnung sein, welche Lage soll sie haben. Wie viele und wie große Zimmer möchtest du haben. Wo soll die Wohnung liegen, wie viele Balkone soll sie haben, und welchen Preis bist du bereit zu bezahlen. Aber wünsche großzügig. Gott möchte dir das beste geben, also begrenze dich nicht durch kleinliches Wünschen. Wenn du nun alles genau durchdacht hast, dann stelle dir diese Wohnung bildlich vor. Male dir alles genau aus, die Einrichtung, die Umgebung, nette Nachbarn u.s.w. Sieh die Blumen auf deiner Terrasse blühen, und sieh dich mitten drin im Geschehen. Fühle tief in dich hinein, wie sich dies für dich anfühlt. Sieh, wie du eine Einweihungsfeier machst mit den Menschen, die du liebst. Wenn du dir alles so genau wie möglich erschaffen hast, gib es an den Kosmos ab. Bitte um die Erfüllung deines Wunsches. Sei so genau wie möglich in deiner Imagination und Visualisation. Fühle, wie sich dein Wunsch manifestiert. Aber begrenze dich nicht, sondern erweitere deinen Wunsch immer mehr. Deine Imaginationskraft ist in der Lage, alles zu dir heranzuziehen, was du dir wünschst. Aber du mußt deinem Bild treu bleiben und nicht zweifeln.

Wenn du dir sehnlichst eine Sache wünschst und diese eines Tages nicht mehr benötigst, so mußt du diesen Wunsch wieder löschen. Im Universum gibt es keine Zeit, und so könntest du eines Tages etwas bekommen, was du zu dem Zeitpunkt gar nicht mehr haben willst.

Je geübter wir werden im Erschaffen unserer Wünsche, um so schneller lassen sie sich realisieren. Wichtig ist vor allem dein Glaube an die Erfüllung deiner Wünsche.

Wichtig zu wissen ist auch, daß wir es lernen müssen, zu geben und zu nehmen. Die Geistige Welt sagt immer wieder: Achtet darauf, daß Geben und Nehmen im Einklang sind.

Wenn dies nicht der Fall ist, entsteht Abhängigkeit, und aus der Abhängigkeit entsteht unbewußt Haß.

Alles ist im Universum in verschwenderischer Fülle vorhanden. Du mußt nur wirklich bereit sein, diese Fülle in dein Leben einzuladen. Entscheide dich für Gesundheit, Reichtum und Glück. Schon durch diese bewußte Entscheidung werden oft wunderbare Dinge ausgelöst. Immer, wenn dir Zweifel kommen, denke daran, du kannst alles erreichen, was du wirklich willst.

Um den wahren Wohlstand in unser Leben einzuladen, ist es sehr hilfreich, unsere Vorstellungskraft einzusetzen. Es sollte ein freudiges und spannendes Abenteuer sein, dein Leben in neue Dimensionen hineinzulenken. Viele Menschen haben Angst vor der Verantwortung, die ein vermehrter Wohlstand mit sich bringen könnte, und blockieren deshalb den Fluß des Geldes. Manche Menschen halten sich auch nicht für wert, viel Geld zu haben.

Mache es dir immer wieder bewußt, daß es dein göttlicher Geist ist, der alle Dinge erschafft, die du dir wünschst. Durch deinen Wunsch sendest du gedankliche Energie ins Universum aus, die das zu dir heranziehen wird, was du haben möchtest.

Um sein Armutsbewußtsein zu transformieren, geht es nicht ohne Anstrengung ab. Wenn wir wirklich dazu bereit sind und es von ganzem Herzen anstreben, in die Fülle Gottes hineinzukommen, wird uns unsere göttliche Führung dabei helfen. Unseren schöpferischen Möglichkeiten sind keine Grenzen gesetzt, wenn wir es lernen, die in uns wohnende Gotteskraft anzuerkennen und den Mut haben, sie auch anzuwenden. Wir müssen lernen, den Kanal für die göttliche Energie zu öffnen. Somit werden wir zum göttlichen Kanal, durch den die Gotteskraft fließen und wirksam werden kann. So braucht auch die Geldenergie einen offenen Kanal, um zu uns fließen zu können. Früher war man der Meinung, daß man möglichst hart arbeiten müsse, um zu Geld und Ansehen zu kommen. Heute wissen wir, daß es die schöpferischen Ideen und Kräfte sind, die große Dinge hervorbringen. Wenn wir es einmal gelernt haben, mit den kosmischen Energien zu fließen und kreativ zu sein, erschaffen wir uns ein Leben der reinen Freude. Gott gab uns die Kraft und den freien Willen, unser Leben so zu gestalten, wie wir es haben möchten.

Überlege dir einmal, auf welche Weise du deine schöpferischen Fähigkeiten begrenzt und nicht das erreichst, was du dir wünschst. Es wird sicher eine Weile dauern, bist du hinter all deine alten, dich begrenzenden Verhaltensmuster kommst. Bitte auch einmal einen guten Freund oder eine Freundin, dich darauf aufmerksam zu machen, wenn du etwas Begrenzendes sagst oder tust. Wenn du z. B. die Affirmation benutzt: „Ich bin Fülle" und ständig denkst oder sagst. „Ich kann mir dieses nicht leisten" oder „ich habe kein Geld hierfür", arbeitest du gegen deine Affirmation, und sie wird nichts bewirken. So ist es gut, wenn dich jemand darauf aufmerksam machen kann. Lege zuerst dein Mangeldenken ab und nimm eine Erfolgshaltung ein. Nicht unsere Lebensumstände bestimmen unseren Wohlstand, sondern unser Wohlstandsdenken.

Sei aufgeschlossen für den Wohlstand und für jegliche Fülle in deinem Leben, auf allen Ebenen. Nimm immer wieder deine schöpferische Imaginationskraft zu Hilfe, um dir das zu erschaffen, was du dir wünschst. Du kannst diese Regeln auf allen Ebenen anwenden. Die kosmischen Gesetze sind ewig und gelten auf allen Ebenen. Sei dir bewußt, du bist ein strahlendes göttliches Wesen, voller Licht und Liebe. Dir sind keinerlei Grenzen gesetzt, außer denen, die du selber schaffst. Für einige von euch hört sich dies möglicherweise zu einfach an. Aber erstens sind alle großen Dinge ganz einfach, und zweitens wird dir die Erfahrung zeigen, wie einfach es ist. Das Komplizierte daran ist, daß unser Ego uns glauben machen möchte, daß alles schrecklich kompliziert ist, weil es dann nämlich die Möglichkeit hat, uns davon abzuhalten. So mache dir immer wieder bewußt, daß du reiner göttlicher Geist bist, der alles erschaffen kann, was du wirklich möchtest. Es ist viel leichter, das Ganze spielerischer anzugehen. Glaube vor allem an deine schöpferischen Fähigkeiten.

An dieser Stelle möchte ich eine Botschaft aus der Geistigen Welt zum Thema Geld einfügen, die ein Seminarteilnehmer einmal bekommen hat:

„Geld ist Energie, im Kosmos ausgedrückt durch Materie. Hast du viel Energie, ist viel Geld dir gemäß. Geringe Energie, wenig Geld adäquat. Erhöhe deine Energie, so ist dir wiederum mehr Geld angemessen. Du und der Geldbetrag, den du anstrebst, ihr müßt euch ähnlich sein. Mit mehr Energie kannst du mehr geben.

Was du aber gibst, wirst du bekommen. Erhöhe deine Energie, verwirkliche deine Talente, gib das, was du besonders gut geben kannst, dann wirst du mehr Geld anziehen. Gehe aus dem Rahmen heraus, wenn du Ungewöhnliches haben willst. Sei konkret, erlaube dir keinen Zweifel. Entwickle täglich mehr Wohlstandsbewußtsein und Überflußdenken."

Es ist wichtig, unseren Wunsch nach Wohlstand in unsere spirituelle Suche mit aufzunehmen. Sonst laufen wir Gefahr, zu sehr an die Materie gebunden zu sein. Viele Menschen glauben auch heute noch, Armut sei heilig. Es wurde uns Jahrhunderte gelehrt, daß Armut gottgefällig sei. Durch diesen Ausspruch haben die Kirchen und andere Institutionen ihr System gestärkt. Das Problem dabei ist nur, daß wir all diese Lehren in unserem Unterbewußtsein gespeichert haben.

Aus der Erfahrung der vielen Wohlstandsseminare, die ich schon gegeben habe, weiß ich, daß vielen das Wort Jesu große Schwierigkeiten macht: „Eher geht ein Kamel durch ein Nadelöhr, als daß ein Reicher in den Himmel kommt." Wir alle möchten doch so gern in den Himmel kommen. Nun, Himmel und Hölle sind keine geographischen Punkte, sondern Bewußtseinszustände. Und wir schaffen uns mit unseren Gedanken pausenlos unseren eigenen Himmel und unsere eigene Hölle.

Ich stelle in meinen Seminaren wie auch in meiner Naturheilpraxis immer wieder fest, daß zwar viele Menschen den Wunsch haben, etwas in ihrem Leben zu verändern, aber nicht wissen, was sie verändern wollen. Die meisten Menschen wissen zwar ganz genau, was sie nicht mehr in ihrem Leben haben wollen, aber was sie wirklich möchten, ist ihnen nicht präsent.

So ist es sehr hilfreich, sich einmal ruhig und meditativ hinzusetzen und sich zunächst die zehn Dinge aufzuschreiben, die du nicht mehr haben möchtest in deinem Leben. Vielleicht möchtest du eine bestimmte Eigenschaft ablegen, deinen von dir ungeliebten Arbeitsplatz wechseln oder was auch immer du nicht mehr haben möchtest. Nimm dir Zeit, niemand drängt dich.

Dann zähle zehn deiner größten Stärken auf. Hier wirst du feststellen, daß das schon sehr viel schwieriger ist. Bedenke aber, du bist der Schöpfer deines Lebens, und du willst dein Leben umgestalten. Hierfür ist es notwendig, daß du dir über deine größten Fähigkeiten klar wirst. Du hast viel mehr Talente, als du glaubst. In jedem Menschen schlummern viele noch unentdeckte Talente. Wenn du magst, kannst du auch eine meditative Reise machen und den Eremiten bitten, dir deine größten Fähigkeiten aufzuzeigen. Am besten sprichst du diese Meditation auf eine Kassette auf oder läßt sie von einem Freund langsam sprechen. Wichtig ist, daß du dir viel, viel Zeit für all deine Meditationschritte nimmst.

Setze dich an einen ruhigen, geborgenen Platz, an dem dich niemand stören kann. Atme ruhig und entspannt ein und aus. Lasse deinen Atem fließen, so wie es dir angenehm ist. Werde mit jedem Atemzug ruhiger und ruhiger. Stelle nun deine Erdung her, indem du dir vorstellst, daß du in deinen Füßen dicke Wurzeln hast. Schicke diese Wurzeln dann tief und breit in die Erde hinein, damit sie sich dort ganz fest verankern können. Sei mit deinem Bewußtsein ganz in deinen Füßen und lasse mit jedem Atemzug die Wurzeln stärker werden. Spüre richtig die Verbindung mit der Erde. Entspanne nun deinen ganzen Körper. Beginne bei deinen Füßen. Entspanne die Zehen und den ganzen Fuß. Entspanne deine Wadenmuskulatur und deine Knie. Entspanne die Oberschenkel und die Hüften. Komme mehr und mehr zur Ruhe. Entspanne nun deinen ganzen Bauchraum, damit auch in den Solarplexus Ruhe einkehrt. Entspanne den gesamten Oberkörper und lasse dein Herz ruhig und gleichmäßig schlagen. Entspanne auch deine Halsmuskulatur, sowie den gesamten Nackenbereich. Entspanne deinen Kopf und die Kopfhaut. Und lasse auch deine Kiefer ganz locker und entspannt werden. Entspanne nun deinen gesamten Rücken, lasse alles ganz weich und entspannt werden.

Nun stelle dir vor, du bist mitten auf einer bunten Sommerwiese voller bunter Blumen. Es ist angenehm warm, und die Sonne scheint, und du fühlst dich ganz wohl. Schau eine Weile den Schmetterlingen zu und freue dich an der Stille, die hier herrscht. In der Ferne siehst du ein altes, verwunschenes Schloß, auf das du zugehst. Schau dir das Schloß genau an, nimm dir Zeit für diese Reise zu deinen inneren Bildern. Wenn du dazu bereit bist, gehe auf das große Schloßtor zu und klopfe an, es wird dir geöffnet werden. Eine weißgekleidete Frau empfängt dich ganz liebevoll. Du kannst ihr vertrauen. Sie wird dich in dem Schloß herumführen, das dir irgendwie bekannt vorkommt, du weißt nur nicht, warum. Alles ist dir ganz vertraut. Du wirst nun in einen großen Saal geführt, in dem ein angenehm warmes Licht dich umfängt, so daß du dich sogleich geborgen fühlst. Hier erwartet dich der Eremit, dein weiser Lehrer und Berater, den du bereits kennst. Er begrüßt dich freudig, denn er weiß, daß du gekommen bist, um deine

Talente und Stärken zu erfahren. Er nimmt ein großes, altes Buch aus einem Regal, auf dem dein Name steht. Du magst dich wohl fragen, warum hier ein Buch mit deinem Namen existiert. Nun, sieh, all unsere Gedanken, Taten und all unsere Talente und Stärken, ebenso wie unsere Fehler und Schwächen sind in der Akashachronik verzeichnet, dem Weltengedächtnis. Und du darfst nun Einblick nehmen in dieses Buch, denn es geht darum, deine größten Stärken und Talente zu erkennen. Du darfst nun in dem Buch blättern, solange du möchtest. Der Eremit ist an deiner Seite, um dich zu beraten und dir zu helfen. Nimm dir Zeit, alles anzuschauen und bitte darum, es auch behalten zu dürfen, all das, was für dein zukünftiges Leben wichtig ist. Um manche deiner Stärken weißt du hier. Andere wiederum, die du dir in früheren Leben erworben hast, sind dir längst entfallen. Nun hast du die Chance, sie wiederzuentdecken. Sei dankbar dafür. Nachdem du alles in deinem Herzen bewahrt hast, bedanke dich beim Eremiten. Sei nicht traurig, wenn du nun wieder zurückgehen mußt. Du kannst jederzeit wieder herkommen. Gehe den Weg langsam zurück, verweile noch ein wenig auf der Blumenwiese, genieße den tiefen Frieden, der um dich herum ist.

Und nun komm langsam wieder in den Raum zurück, in dem du dich befindest. Atme ein paarmal tief ein und aus. Ganz tief ein- und ausatmen. Mit jedem Atemzug kommst du wieder mehr und mehr in dein normales Tagesbewußtsein zurück. Recke dich und strecke dich, nimm deine Hände hoch, schlage sie aus und sei wieder ganz im Hier und Jetzt. Schreibe dir nun all das, was du erfahren durftest, auf, damit es dir nicht verlorengeht.

Nachdem du nun herausgefunden hast, welches deine größten Talente und Stärken sind, schreibe zehn Dinge auf, die du am liebsten tun würdest. Denn wahren Erfolg und Wohlstand wirst du nur mit den Dingen erlangen, die du mit Liebe und Freude tust. Nimm dir auch hierfür wieder genügend Zeit. Es ist durchaus möglich, daß du deine Listen von Zeit zu Zeit verändern mußt. Das macht aber nichts, sieh es einfach als spannendes Spiel, wie kleine Kinder es tun würden. Am besten schaffst du dir ein schönes Buch für deine Arbeit mit dir selbst an. So kannst du auch deine Erfolge besser verfolgen. Denke immer daran, es soll Spaß machen und nicht zu einer Last werden.

Nun schreibe deine zehn größten Wünsche auf. Aber wünsche großzügig und begrenze dich nicht, weil du glaubst, die Dinge, die du dir wünschst, liegen nicht im Rahmen deiner Möglichkeiten.

Hier möchte ich ein nettes Erlebnis mit euch teilen.

Während eines Seminars machten wir diese Übung, und eine Teilnehmerin wünschte sich dringend ein Motorrad, das sie sich aber unter normalen Umständen nicht leisten konnte. Aber sie gab es voller Zuversicht ans Universum ab. Keine 14 Tage später rief sie mich voller Freude an, um mir mitzuteilen, daß sie ein Motorrad in einem Preisausschreiben gewonnen habe.

So wirkt das Universum. Das kannst du auch, jeder kann es, der daran glaubt.

Diese Übungen dienen vor allem dazu, sich über seine Wünsche klar zu werden. Denn unklare Wünsche bewirken nichts.

Arbeite an deinen Wünschen so lange, bis sie exakt deinen Vorstellungen entsprechen.

Bei der Realisierung deiner Wünsche kannst du dir auch die Hilfe deines Unterbewußtseins zunutze machen. Wenn du dir ganz klar darüber bist, was du wirklich möchtest, kannst du beginnen, es bildlich darzustellen. Du kannst deine Wünsche aufmalen, oder du kannst sogenannte Wunschkarten oder Bäume herstellen. Wenn du dir z.B. eine Reise nach Südafrika wünschst, so kannst du dir aus den Prospekten der Reiseveranstalter die entsprechenden Bilder ausschneiden und sie auf deinen Wunschbaum kleben. Du kannst ihn zusätzlich mit den entsprechenden Affirmationen bestücken. Benutze Affirmationen immer so, daß sie bereits das Ergebnis beinhalten. Sieh dich in der Szene handeln und fühle die Freude in dir, die du erlebst, wenn du, um bei unserem Beispiel zu bleiben, in Südafrika herumreisen kannst. Mache dir keine Gedanken darüber, woher das Geld für die Reise kommen soll, das wäre eine Begrenzung des Universums.

Ein Mitglied meiner Meditationsgruppe hat bereits einmal einen Urlaub gewonnen, den sie sich gewünscht hatte.

Es gibt für das Universum unzählige Möglichkeiten, dir deinen Wunsch zu erfüllen. Wichtig ist, daß du daran glaubst. Bewahre deine Wunschbäume und Karten aber stets so auf, daß sie möglichst kein anderer zu Gesicht bekommt, du zersplitterst sonst zu leicht die Energie. Wenn es jemand sehen und als Unfug bezeichnen würde, so wäre ein Teil deines Glaubens bereits zerstört. Ich selbst bewahre meine Wunschbäume in meinem Schlafzimmer auf, wo ich sie täglich mehrmals sehe. Ich wiederhole auch öfter während des Tages die dazugehörigen Affirmationen. Auch ist es sinnvoll, ein Bild von dir mit auf deinen Wunschbaum zu kleben.

Es ist hilfreich, eine Affirmation mit aufzunehmen:

„Dieses oder etwas Besseres manifestiert sich jetzt in meinem Leben. Ich danke für die Erfüllung meines Wunsches."

Auch kannst du den Wunschbaum mit einem Symbol Gottes versehen, damit alles im Einklang mit deinem Hohen Selbst geschieht. Du kannst das Ohmzeichen verwenden, ein gleichschenkliges Kreuz oder auch die Lemiskate, die liegende Acht, das Zeichen Gottes. Man sollte für jedes Wunschziel einen extra Wunschbaum oder eine extra Karte herstellen. Es macht viel Spaß! Ich selbst habe kleinere Wunschkarten in meiner Praxis, in einer Schublade, in meinem Kalender und in meiner Brieftasche. Je geübter du im Wünschen bist, und je mehr du im Einklang mit deinem Hohen Selbst bist, desto schneller erfüllen sich deine Wünsche. Achte aber immer darauf, daß du mit deinen Wünschen keinem anderen Menschen schadest. Wende diese Technik nur zum Wohle aller Menschen an. Je mehr du diese Dinge übst, desto mehr wird sich dein Wohlstandsbewußtsein verstärken. Desto mehr wird Reichtum auf allen Ebenen zu dir fließen. Desto schneller werden sich deine Wünsche realisieren lassen.

Wir wollen nun eine Meditation miteinander teilen, die dir hilft, das, was du dir wünschst, schneller in die Materie zu ziehen.

Bevor du mit der Meditation beginnst, werde dir ganz klar über deinen Wunsch. Du kannst einen deiner Wünsche von deinem Wunschbaum nehmen oder auch einen anderen, das spielt keine Rolle.

Dann wähle dir eine Zeit aus, bei der du sicher sein kannst, daß du nicht gestört bist.

Sorge dafür, daß du dich an dem Ort, wo du deine Meditation hältst, sicher und geborgen fühlst.
Am besten sprichst du dir die Meditation wieder vorher auf eine Kassette auf.
Setze dich ganz bequem hin. Die Füße stehen nebeneinander auf dem Boden, und deine Hände liegen locker im Schoß. Atme ruhig und ganz entspannt ein und aus, ganz in deinem eigenen Rhythmus. Du entspannst dich mit jedem Atemzug mehr und mehr. Komme ganz zur Ruhe. Lasse mit dem Ausatmen alle nervöse Spannung los, atme sie einfach aus.
Stelle dir nun wieder vor, daß aus deinen Füßen dicke Wurzeln wachsen, wie bei einem Baum. Schicke diese Wurzeln tief und breit in die Erde hinein, damit sie sich dort verankern können. Sei mit deinem Bewußtsein ganz in deinen Füßen und lasse mit jedem Atemzug die Wurzeln stärker werden. Spüre, wie du eine ganz feste Verbindung mit der Erde bekommst.
Stelle dir nun vor, daß von oben her ein weißer Lichtstrahl auf dich herniederkommt, der dich ganz einhüllt in einen Mantel aus Licht. Es ist das Christuslicht, das dich einhüllt und beschützt.
Nun stelle dir vor, du befindest dich auf einer bunten Sommerwiese mit Blumen in unzähligen Farben. Genieße diese herrlichen Blumen und höre den Vögeln zu. Es ist angenehm warm, und die Sonne scheint, und du fühlst dich ganz wohl. Über einen kleinen Hügel kommt dein Geistführer auf dich zu, der dich begleiten wird. Begrüße ihn zunächst und freue dich über seine Anwesenheit. Gehe nun auf den nahen Wald zu. Es führt ein breiter Weg hinein. Die Sonne scheint durch die Blätter, so daß ein angenehmes Licht dort herrscht. Hier ist

eine wunderbare Stille, und tiefer Friede senkt sich auf dich hernieder. Zu deiner Rechten fließt ein kleiner Bach, der dich begleitet. Beobachte ihn einmal, wie er trotz der Hindernisse frei fließen kann. Gehe nun tiefer in den Wald hinein, bis du zu einer Waldlichtung kommst. Dein Geistführer ist an deiner Seite. Auf der Lichtung findest du einen großen Baum mit einer herrlichen Krone und tiefen und breiten Wurzeln. Gehe nun ganz langsam auf den Baum zu. Tritt ein in die Aura des Baumes, die ihn wie ein lichtes Doppel umgibt. Umarme einmal den Baum und spüre seine Energie, die er sowohl aus der Erde, wie auch aus dem Kosmos bekommt. Tritt nun ein in das Bewußtsein des Baumes. Laß dir Zeit, das Bewußtsein des Baumes zu erfassen. Frage einmal den Baum, was die Natur von uns Menschen möchte. Vielleicht Liebe oder Anerkennung. Sei ohne Sorge, der Baum wird dir antworten. Lasse dir Zeit.

Nun löse dein Bewußtsein wieder von dem Baum und gehe auf ein altes, schloßartiges Gebäude zu. Es ist von großen Säulen umgeben, die Schatten spenden. Tritt nun ein, du bist hier willkommen. Du kommst in eine große, wunderschöne Halle. Sieh dich zuerst ein wenig um hier. Ein lichtes Wesen kommt auf dich zu. Es ist der Engel der Wunscherfüllung. Er führt dich in einen lichten großen Raum. Hier kannst du dich hinsetzen. Der Engel bittet dich nun, deinen Wunsch vorzutragen. Sei so präzise wie möglich. Vor dir siehst du eine große Leinwand, auf der dein Wunsch erscheint, und zwar als Bild. Du hast nun die Möglichkeit, deinen Wunsch noch zu erweitern oder auch mehr auszuschmücken. Spiele mit den verschiedenen Möglichkeiten, die du hast. Du denkst dir aus, wie du es gerne haben möchtest und siehst die Veränderung augenblicklich auf der Leinwand.

Vielleicht möchtest du es hier und da noch etwas farbiger gestalten? Sei kreativ, du gestaltest diesen Wunsch. Niemand drängt dich. Fühle dabei tief in dich hinein, wie es sich für dich anfühlt. Welche Energie bekommst du daraus, vielleicht Freude oder Sicherheit? Nun sieh dich in der Szene, wie dein Wunsch sich bereits verwirklicht hat. Bist du froh und glücklich mit der Erfüllung deines Wunsches? Teilst du dein Glück mit anderen? Oder bist du allein in deiner Szene? Bitte nun den Engel der Wunscherfüllung, dir behilflich zu sein, deinen Wunsch noch schöner, noch farbiger und lebendiger zu gestalten.
Schau nun noch einmal hin, ob dein Wunsch dir so gefällt. Nimm dir Zeit, niemand drängt dich. Spüre in dich hinein, wie fühlst du dich mit dieser neuen Version deines Wunsches? Gewöhne dich an die Energie, fühle sie tief in dir und achte auf dieses Gefühl, denn es ist wichtig, daß du es dir später wieder in Erinnerung rufen kannst. Nun danke dafür, daß du es bereits bekommen hast, und dann übergib es deinem Hohen Selbst. Es wird dafür sorgen, daß sich dein Wunsch in der dir angemessenen Form und Zeit erfüllen wird. Du kannst deinen Wunsch auch in einen bunten Luftballon verpacken, den du dann gleich auf der Waldlichtung in den Kosmos steigen läßt. Je freudiger und spielerischer du es machst, um so schneller wirst du es in die Materie ziehen. Nun bedanke dich bei dem Engel der Wunscherfüllung und gehe langsam den Weg wieder zurück zur Waldlichtung. Hier lasse deinen bunten Luftballon aufsteigen, in der Gewißheit, daß sich dein Wunsch erfüllt. Vor allem aber bewahre diese Energie in deinem Herzen. Und nun gehe langsam mit deinem Geistführer den Weg zurück durch den Wald, bis du auf der Sommerwiese wieder angekommen bist. Lasse dir Zeit dabei und genieße die herrliche Natur. Wenn du

dazu bereit bist, atme wieder ganz tief ein und aus. Komme mit jedem Atemzug wieder mehr und mehr in dein normales Tagesbewußtsein zurück. Nimm deine Hände hoch und schlage sie aus. Du bist wieder ganz im Hier und Jetzt. Du bist ganz wach und fühlst dich ganz wohl.

Schreibe dir nun als erstes wieder auf, was du erlebt hast. Male es auch auf, damit es sich tief in dein Unterbewußtsein einprägt. Male auch, wie der bunte Luftballon mit deinem Wunsch hoch in den Himmel aufsteigt. Spiele mit diesen Möglichkeiten, es soll Spaß machen.

Du kannst diese Meditation natürlich auch gerne wiederholen, wenn du das Gefühl hast, daß sie dir noch nicht so ganz gelungen ist. Viele Menschen sehen keine ganz klaren Bilder, sondern es ist meist mehr ein Empfindungssehen.

Ich danke all meinen Lesern, die mir bis hierhin gefolgt sind. Ich wünsche euch viel Erfolg und Freude auf eurer spirituellen Reise. Ich würde mich sehr freuen, wenn ihr eure Fortschritte und Schwierigkeiten mit mir teilen könntet. Die Liebe und das Licht Gottes mögen euch begleiten.

In Liebe
Elisabeth

EPILOG

Ich danke euch und bringe euch Liebe und Licht aus den geistigen Reichen. Ich danke euch für euer Bemühen, auf eurem Entwicklungsweg voranzuschreiten. Ich möchte euch sagen, daß in diesen Zeiten des Wandels alle, die den Wunsch verspüren zu wachsen, sich zu entwickeln, weiterkommen werden. Wenn ihr all die Engel und Lichtboten sehen könntet, die um euch sind, um euch zu helfen, um euch zur Seite zu stehen, würdet ihr erstaunt und erfreut sein. Viele Menschen sind bereits in der Lage, mit der Natur zu reden. Sie erweitern ihr Bewußtsein und können die Antworten der Natur hören. Euch aber sage ich, achtet die Natur, die Tiere, die Bäume und den Planeten Erde selbst. Auch sie sind Ausdruck des göttlichen Geistes, wie ihr selbst. Es ist die Zeit, da aus den geistigen Reichen mehr und mehr hohe Schwingungen auf euren Planeten Erde geleitet werden, um eure Schwingung zu erhöhen. Dadurch könnt ihr auch Verbindungen herstellen zu den geistigen Reichen, zu den hohen spirituellen Ebenen. Es liegt bei euch, meine lieben spirituellen Freunde, den Weg des Lichtes zu gehen. Viele von euch haben dieses Buch nicht nur gelesen, sondern auch begonnen, mit den geistigen Prinzipien zu arbeiten. Je mehr ihr dies tut, desto schneller werdet ihr auf eurem Wege voranschreiten. Vergeßt nicht die tägliche Meditation, die so wichtig ist für euch alle. Sie hebt euch auf eine höhere Bewußtseinsebene und läßt euch nicht nur den inneren Frieden erleben, sondern läßt euch gleichzeitig auch die innere Stimme vernehmen, versetzt euch in die Lage, die Stimme Gottes zu hören. Die Zeit wird einst kommen, wo Frieden auf Erden sein wird. Und je mehr Menschen den spirituellen Weg gehen, desto näher rückt die Zeit. Ihr habt bereits erfahren, daß Bewußtsein kollektiv ist und ihr alle dazu beitragen könnt, daß die Energien feiner und höher werden. Jeder kann auf seine Weise dazu beitragen und in dem ihm gemäßen Tempo. Achtet und liebt auch den Bruder, der noch nicht bereit ist, den Weg des Lichtes zu gehen. Vor allem aber überhebt euch nicht über ihn. Jeder Mensch bringt ein anderes Entwicklungspotential mit auf diese Erde. Jede Seele muß den ihr gemäßen Weg in der von ihr gewünschten Zeit und Schnelligkeit gehen. Ihr helft den Menschen am besten durch euer Beispiel.

Auch unser geliebter Bruder Jesus lehrte uns durch sein Beispiel. Er zeigte allen Menschen, daß es möglich ist, die absolute Liebe zu leben. Wenn ihr allen Menschen in Liebe begegnet, wie wir es auch tun, so werden sie mit euch wachsen. Wenn ihr sie aber kritisiert und aufgrund ihrer mangelnden Bereitschaft zu wachsen, geringachtet, werdet ihr sie eher am Wachsen hindern, anstatt ihnen zu helfen. Aber Licht und Liebe könnt ihr allen Wesen auf dieser Erde senden, seien es eure Brüder oder die Tiere oder die gesamte Natur.

So, wie jeden Morgen die Sonne wieder aufgeht, so macht euch jeden Morgen neu auf und geht euren Weg weiter, voller Freude und in Liebe und Harmonie. Seid gewiß, daß ihr den Weg niemals allein gehen werdet. Stets sind die Engel und eure älteren Brüder, die euch bereits vorausgegangen sind, an eurer Seite. Wir sind immer bereit, euch zu helfen, wenn ihr euch uns zuwendet. Denn wir werden niemals in euren freien Willen eingreifen. Wenn ihr also den Weg mit uns gemeinsam gehen möchtet, so tut dies kund, meine lieben Brüder und Schwestern.

So laßt uns den Weg gemeinsam gehen, hinein in ein neues Morgen, hinein in die neue Ära des spirituellen Zeitalters.

Meister Eckhart

Richtet eure Anfragen für spirituelle Lebensberatungen, Clearingtermine und Rückführungstherapien sowie Seminaranfragen bitte an folgende Adresse:

Lichtzentrum
Elisabeth Dude
Spirituelle Lehrerin
Herzogstr. 7
40217 Düsseldorf
0211 - 382693